说服的艺术

怎样有逻辑地说服他人

游一行◎著

吉林出版集团股份有限公司

图书在版编目（CIP）数据

说服的艺术：怎样有逻辑地说服他人 / 游一行著.
—长春：吉林出版集团股份有限公司，2017.10
ISBN 978-7-5581-3649-8

Ⅰ.①说… Ⅱ.①游… Ⅲ.①说服—语言艺术—通俗读物 Ⅳ.① H019-49

中国版本图书馆 CIP 数据核字（2017）第 242967 号

说服的艺术：怎样有逻辑地说服他人

著　　者	游一行
责任编辑	齐　琳　史俊南
封面设计	颜　森
开　　本	880mm×1230mm　1/32
字　　数	140 千字
印　　张	7
版　　次	2018 年 12 月第 1 版
印　　次	2018 年 12 月第 1 次印刷

出　　版	吉林出版集团股份有限公司
电　　话	总编办：010-63109269
	发行部：010-69584388
印　　刷	三河市龙大印装有限公司

ISBN 978-7-5581-3649-8　　　　　　　定价：32.00 元
如出现印装质量问题，调换联系电话：010-82865588
版权所有　侵权必究

前言
PREFACE

从前,有一只白兔子,它最爱吃红萝卜,每天都吃红萝卜。

从前,有一只灰兔子,它最爱吃白萝卜,每天都吃白萝卜。

有一天,白兔子和灰兔子相遇了,它们相互问候:"你好,你吃了吗?"然后,它们就"红萝卜好吃,还是白萝卜好吃"这个问题争论了起来。

白兔子说:"红萝卜好吃。"灰兔子说:"白萝卜好吃。"两只兔子争执不下,就决定去找德高望重的老兔子来做判断。

然而,老兔子看着白兔子和灰兔子,说:"你们两只小家伙知道什么呀,胡萝卜才是最好吃的!"

于是,"红萝卜好吃,还是白萝卜好吃"这个问题,变成了"红萝卜好吃,还是白萝卜好吃,还是胡萝卜好吃"的问题,两只兔子的争论也变成了三只兔子的争论,它们争得面红耳赤,直到最后大打出手,却始终都没有争出个结果……

为什么兔子们没有争出个结果?

因为它们没有做到有逻辑地说服他人。

要做到有逻辑地说服他人，我们首先要知道什么是逻辑。逻辑，泛指规律，包括思维规律和客观规律；狭义上，就是思维的规律和规则，是对思维过程的抽象理解。简单点说，每一种事物都有其内在的根本性质，通过对事物本质的了解，往往能够让人们更清晰地了解事情是如何发生的，为什么会发生……这就是我们的逻辑所要干的事情。

正常人的逻辑还是基于经验的积累，这种经验也许不需要自己亲身去体验，但也需要见到过，或者听到过，想要做出判断一定是经过逻辑思考的。

有逻辑地说服他人的出发点，就是影响对方的思维，正是这一点构成了其本质的原点：抓住被说服人逻辑的漏洞和内心弱点，进行假设性质的引导，让被说服人抛开自己的逻辑，从而达到理想的说服效果。每当被说服者醒悟过来的时候，常常会发现自己的逻辑或多或少地偏离了原有轨迹，或者是变得复杂许多。

对于固守自己陈旧思维的心理患者，心理学家提出"实在没有办法沟通，就找空白处建立新思维再做心理辅导"。有逻辑的说服术也同时应用着这种理念，当对方固守限定思维而无法找到漏洞对其进行说服时，我们可以在被说服人的知识空白领域重新构建一个思维导向，让被说服人以这个新的思维导向进行思考，最终让被说服人付诸行动并达到对其说服的目的。有逻辑的说服术的这一本质被称为"在思维知识的空白处建立思维导向"。

因此，上面故事中的白兔子要想有逻辑地说服灰兔子，它就需要列举白萝卜的缺点，然后渲染红萝卜的美味，改变灰兔子觉得"白萝卜好吃"的逻辑，才能把"红萝卜好吃"的观点植入灰兔子的大脑中，真正说服灰兔子。灰兔子和老兔子的说服逻辑可以此类推。

如何避免成为一只陷入争论的兔子，做一个有逻辑地说服他人的高手，正是这本书要告诉你的。翻开这本书，你获得的是：打造你的影响力、成为应酬大师、维护你的利益、永葆你的优势、管好你的嘴巴，弄懂团队、朋友、爱情、父母、亲子关系的真相，真正拥有和谐的人际关系和成功的人生。

目录 CONTENTS

第一章
影响力是怎么形成的

说服的本质：利用左右脑的协作 // 001

有效的沟通是说服的保障 // 005

说服，就是把你的意见变成他的意见 // 011

话说到点子上，建立你的支配地位 // 017

说服者的逻辑与被说服者的"降服" // 022

利用潜意识，将说服贯彻到底 // 026

巧妙开口，总能让别人听了顺耳 // 029

第二章
利益决定立场

用利益诱导，再进行说服 // 032

利用权威和角色说服对方 // 035

巧设陷阱，让对方多说"是" // 037

软硬兼施，对方自然拒绝不了你 // 042

恰到好处的沉默比语言更有力量 // 046
用对方的弱点攻破其防线 // 048
为对手叫好是最高明的说服术 // 050

第三章
你的优势是什么

说服领导要把握七条原则 // 053
学会汇报工作，提升能力形象 // 055
提建议时，从不否定上司的想法 // 059
巧妙展示能力，做上司的得力助手 // 061
这样谈"薪"，领导才同意 // 065
有时绕个圈子会更好 // 068
婉拒加班，给领导一个理由 // 070

第四章
为什么你说了不算

切忌口是心非，让别人觉得你不真诚 // 074
说话不能无礼，否则会使人厌烦 // 077
不在语言上彰显自己的优势 // 079
信守承诺，才能将说服贯彻到底 // 081

第五章
管好嘴巴比什么都重要

清楚自己的目的和底线 // 085

怎么讲比讲什么更重要 // 089

见什么人说什么话 // 093

不需要过于诚实地去回答 // 096

用你的"糊涂"实现成功的说服 // 099

第六章
妥善化解别人的纠纷

不偏不倚,肯定双方的观点 // 105

适当地褒一方,贬一方 // 108

唤起当事人的荣誉感 // 109

私下称赞,双方各退一步 // 111

婉转批评,顺道给争吵者"降温" // 113

提出稍稍折中的意见 // 114

第七章
这样说才能劝服他人振作

探病时要适当说谎 // 116

怎样安慰处于困境的下属 // 118
怎样安慰失意的朋友 // 119
怎样说能让别人走出悲伤 // 122
如何说能帮对方缓解压力 // 124
如何说能为女性排解情感困境 // 127

第八章
如何说才能得到他人原谅

道歉时把诚恳表达出来 // 130
语意双关道歉，以情动人不尴尬 // 132
怎样借他人之口传达歉意 // 134
怎样向异性道歉才能获得原谅 // 136
怎样向朋友道歉才能不影响友谊 // 138
得罪领导时，说话一定要放低姿态 // 141

第九章
怎样说别人才能为你办事

提请求，先提小的再提大的 // 144
托人办事时应该怎样套近乎 // 147
先数落自己一番，以此感动对方 // 149
用适当的话语引起对方的心理共鸣 // 150
向别人借东西时应该怎么说 // 153

第十章
教你成为应酬大师

请客吃饭，以好理由"打头阵" // 156
找对话题，调动与宴者的积极性 // 158
给别人敬酒时要讲究的语言艺术 // 160
以礼还礼拒酒，避免陷入圈套 // 163
酒量不好，坦诚拒酒不失礼 // 165
六招巧妙拒酒，不伤对方颜面 // 167

第十一章
爱情的分寸在哪儿

一见钟情，搭讪的话如何开口 // 173
妙用暗示拒绝求爱，委婉不伤人 // 175
女追男，想得手就要会"调情" // 177
用甜言蜜语拴住恋人的心 // 180
把握斗嘴的分寸，他会更喜欢你 // 183

第十二章
父母就该喜欢你吗

如何说才能让女方父母喜欢你 // 186
如何说才能让男方父母喜欢你 // 190

父母吵架时如何劝说 // 193
面对父母的打骂时该怎么说 // 195
与父母产生分歧怎样求得谅解 // 197

第十三章
孩子就要用爱喂大

巧妙利用孩子的好奇心来影响他 // 199
别对孩子发号施令,改由建议或提问 // 201
骂孩子"不争气",不如说"你很棒" // 204
对孩子也要经常说"谢谢" // 207
告诉孩子:"没关系,再来一次" // 209

第一章

影响力是怎么形成的

说服的本质：利用左右脑的协作

人们被说服的过程离不开整个大脑的运作，一个理智的人做出判断通常出自左脑半球和右脑半球的协同工作，左脑接受语言而右脑产生画面。人们一般不会完全地依靠左脑半球或右脑半球思维，而是综合运用，就像每个人的身体都是将所有的器官灵活组织分配一样，所以说服力的本质是在言语上让对方的左脑接受观点，通过语言描述在对方右脑产生同步的画面效果，最终确保思维说服术顺利实施并且取得效果。

一般来说，实施说服的顺利与否在于对方是否能够想象出说服者阐释的情景，想象的本质通常在于左脑对语言的分析处理在右脑产生怎样的一个画面。也就是说，实施说服的关键在于说服者如何输入"计划中的信息"，拓展对方的思维，让他想象到一些必要的画面，来验证你的信息是正确的，从而确立你的思维主导地位。

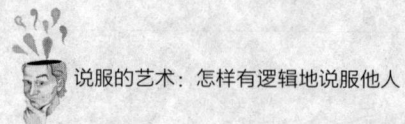

说服的艺术：怎样有逻辑地说服他人

　　心理学家曾经做了一个实验来证实"左右脑同时运转达到的说服效果"。随机找到四位因工作压力大而想要放弃工作的实验参与者，心理学家对他们进行不同程度的说服，努力帮助他们的大脑不要去想工作的劳累，同时测脑电波的仪器会显示四个人的大脑平静程度。

　　对实验者A说："想这些也没有用，工作就是这么累，别想了。"

　　这时显示A的大脑情绪依然很乱，还是在为劳累的工作烦心。

　　对实验者B说："请你不要去想这件工作是多么劳累！也不要想上司是如何训斥你，你要考虑到工作的快乐，想到它给你的生活带来积极的改变啊！"

　　显示B的大脑情绪慢慢有所平静，但是在心理学家停止告诉B工作是快乐的时候，B的大脑思维还是会恢复一些之前的烦躁。

　　对实验者C说："请你不要想那些劳累的工作，那只是给你和你的家庭带来幸福的工具，想象一下在工作劳累之后，一家人可以使用你的薪资过上快乐的生活，一起旅行……"

　　实验者C的情绪慢慢趋向稳定，而且极少反复，实验结束后，C告诉心理学家，在实验中听到心理学家给他描述家庭的温暖时，他就像做梦一样看到了自己工作时为家庭带来的幸福。

　　对实验者D的描述，是基于C描述并更加细致，而且很多美好的描述多次重复，取得的效果相较于C也更加优化。

实验中对A的话语是直白的命令，所以A根本听不进去，无法达到说服效果；而对B的语言被接受后，在左脑徘徊却没有在右脑产生画面，所以说服效果只是暂时性的；对C与D的话语不但被左脑欣然接受而且在右脑产生相应的画面，所以达到了让其忘记工作劳累的说服效果，并且从人类大脑的工作方式来说，对于D的实验更说明左脑接收到的语言在右脑产生画面，语言的不断重复会强化右脑的画面。随着画面的强化说服效果越深入，这就是实施说服力所依托的生理本质。

如果说服者用枯燥的语言对对方进行说服并不顺利时，就可以自己创造画面让对方去想象，以此来达到说服目的。在销售说服术的应用中，很多优秀的销售人员都是以描绘"美好画面"进行表达，直接跳过所销售物品需要通过消费者左脑进行处理，然后在右脑产生画面的程序弊端。

罗伯特曾经是美国某个州的飞利浦吸尘器代理商兼销售顾问，他率领的销售团队在任何一个超市或者大型商场中，都会位居各大品牌吸尘器销售榜首，因为罗伯特不像其他品牌的销售人员不停地讲述自己的品牌多么好或者功能有多么完善，而是直接让消费者通过自己的手机视频，看到用飞利浦吸尘器在家庭清洁中的画面。

这个创意来自一次在大型购物广场的销售中，罗伯特遇到了一对新婚夫妇，他们刚刚结婚，想为新买的房子选择一款吸尘器，但是挑了好久也没有选中。当罗伯特与这对夫妇聊起来的时候，女士说："每一家的吸尘器都不错，价格也合理，但是服务员说的大多太专业，我的大脑感觉转不过来，实在想象不出他们说的那些吸尘器在家庭使用上的优点。"这个时候罗伯特拿出自己的手机，里面有自己拍摄的自己妻子使用飞利浦吸尘器清理家务的情景，包括客厅，厨房，卧室和卫生间。罗伯特本以为给这对夫妇随便看看，但是这对夫妇中的女士却反复看了两遍，然后说："我就要这款吸尘器，两台，我要给我的母亲也买一台，您的夫人太厉害了，用这个吸尘器她居然可以打扫这么多我认为都是死角的地方，我相信我拥有这款吸尘器也可以清理很多地方，而且我的母亲也一定会喜欢。"

当这位女士和她的丈夫拿着两台吸尘器走的时候，罗伯特和他们一起看了第三遍自己手机中的视频，并且告诉他们吸尘器的各种功能。在这件事情之后，罗伯特特意和妻子录制了代理的所有飞利浦吸尘器的使用视频，并把它拷贝给每一个销售员，告诉他们如果和客人解释吸尘器功效还无法将客人说服的时候，就给他看录像。最终罗伯特的这种方式取得了超凡的销售说服效果。

罗伯特巧妙地弥补了左右脑协作联系的空白，达到了销售说服的优化效果。在推销吸尘器的时候，销售人员的讲解的确被顾客的左脑接受，但是由于吸尘器的功效太多并且很多是专业讲解，因此左脑处理这些信息难以在右脑产生相应画面，而罗伯特以视频的方式直接将画面灌输到顾客右脑，让自己的语言被顾客接受的同时在右脑产生相应画面，如此一来，达到说服效果并促进销售就容易很多。

在说服的过程中，被说服者的左右脑是在不停地进行对话，左脑告诉右脑自己的想法然后右脑像画家一样勾勒出画面，说服术的成功，本质上不但是被说服者的左脑接受了语言，也必须是右脑成功地产生了让自己信服的画面。认清楚说服力的这一特点，当遇到别人以言论让自己产生想象的时候，就要开始注意自己是否在被对方"说服"。当自己大脑产生不了和对方言语相符的画面，而对方又准备好一个美好场景让我们参考的时候，也许你需要拒绝了，因为对方已经开始抓住思维的特点准备说服了。

有效的沟通是说服的保障

沟通是连接我们与他人之间的重要桥梁，在我们生活当中无处不在，从某种意义上讲，沟通不仅是一种说服技能，也是一种生存方式。沟通能力可以说是人作为一种社会性生物的基本素质，良好的沟通能力可以保证我们尽快得到他人的信任。沟通的目的就是为了有效传递信息。从说服力的角度来说，沟通是让对方接受自己的想法、观点的重要途径，说服往往是在有效的沟通中实现的。

我们经常看到这样的情况：销售人员一见到客户就滔滔不绝地介绍，总是说自己的商品与众不同，能给客户带来很多的利益，比同类商品更受客户的欢迎等。但是很可惜，客户不想听这些，即使你说得再好，也不会起到任何打动人心的作用，反而会让客户感到厌烦。为什么会出现这种情况呢？其实这就是销售人员不懂得沟通的原因。沟通是实现说服的重要保障，成功地说服一个人接受你的思想，可以通过沟通来实现，但沟通不是不知所以地在那瞎说。说服中的沟通都是有一定技巧的。

小张是某品牌电脑的销售人员。一个周日的上午，一位穿着时尚的小姐来到她的柜台前咨询一款新型笔记本的型号、功能及价格等问题。听了客户的要求，小张并没有急于向她介绍公司的商品，而是先和她进行了沟通，了解了她的需求点，比如购机是自用还是当作礼物送人。客户在听到小张这样分析之后，感觉到小张是在帮助自己，就有了一种朋友的感觉，她们之间的距离也就拉近了，之后更是无话不谈了。

其实，小张采取这一策略，无疑轻易地解除了客户的戒备之心，使客户开始在心里信任自己。接下来，小张只需要再简单地介绍一下商品，根据客户的需求推荐给她合适的商品，客户就会很容易接受了。这样一来，小张就达到了利用沟通对客户说服的目的。

在实现说服的过程中，沟通是永不止步的，只有通过不断的沟通，你才能在说服过程中灵活应变发生的各类情况。在管理活动中也是如此，沟通可以保证一个管理者能够将说服术有效地实施在员工的身上。

美国一家公司的总经理非常重视管理层与员工之间的相互沟通与交流，他曾有过一项"创举"，改变了沟通方式，从而达到促进管理和高效运作的良好效果。

在管理层和员工之间，以往的意见箱起不到太大的作用，员工的情绪化最大的根源在于感觉自己不被尊重，因为自己的想法和意见总是被直属上司一言否决。于是这位总经理就设立了新的沟通方式：凡是被驳回的建议和创意，都可以在每月的总结会上匿名提出，让更多管理层集体审核，投票表决。如此一来，员工感受到自己的机会并不是一道窗口，而且有受到公司高层尊重的感觉，增强了工作热情并且开拓了创意思维。

这位总经理的改变，不仅仅是在沟通上推陈出新，而是更加有效地保证了公司对员工的说服实效。沟通有利于领导者激励下属，建立良好的人际关系和组织氛围，提高员工的士气。人一般都会要求对自己的工作能力有一个恰当的评价，总经理设立的新的沟通方式让员工有一种被重视和尊重的感觉，这反而是最好的激励。这个改变最终为公司带来了进步和效益，让每个员工更好地为公司服务，工作成果达到公司要求，这就是沟通的方式给员工实施影响的最佳体现。

在销售领域，很多专业的销售精英在做指导的时候总是会说："我们必须知道顾客需要什么，然后给他需要的。如果你不知道，就想办法和他沟通，让对方说出来。"

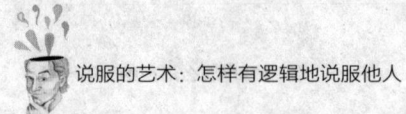

说服的艺术：怎样有逻辑地说服他人

迈特对各种汽车的性能和特点了如指掌，作为汽车推销员，从根本上来讲，推销对于他来说应该是得心应手的，但遗憾的是他喜欢一味地推荐自己认为好的汽车，很少与顾客进行沟通，了解顾客需要。给客户推荐汽车时，他根本不询问客户意见，而且常常令顾客哑口无言，最后客户只能说："那我再考虑一下，有需要一定找您。"

一次经理告诉他，迈特的一个客人最后在另一位汽车推销员的手中买走了一辆汽车，迈特看了销售报告，奇怪地问："为什么？我推荐的车，性能、配件包括价格都是非常好的？而且我这么专业！"经理告诉迈特："顾客只想要一辆接送孩子和老人的车，你知道吗？"

经过这一次，迈特懂得了沟通和倾听的重要性。之后向客人推销怀特牌汽车时，迈特给自己列了一个清单：上面包括品牌、价格、用途、存放地点等等多达15项的细节，每一次迈特都保证把这些与客户沟通完善，做比较后再向客户推销汽车，迈特发现，沟通是永无止步的，后来在这个清单中，甚至加上了"宠物"这一条，迈特说："当你带着一只吉娃娃出门和牵着三只德国牧羊犬出门时，需要的车肯定和平常有所区别。"

迈特在以后的工作可以说是进行得十分顺利，甚至还在当面沟通的基础上自己加上了售后服务，把更多客人变成朋友，也正是因为他的改变，最终使他成了一位著名的推销员。

迈特的专业技能毋庸置疑，但是开始的时候缺乏沟通，只是一个人夸夸其谈，便很难促成订单。之后迈特自己列的清单，每一个细节都和客户沟通，这就保证了迈特能够随机应变地调整自己推销的说服方向，更能让客人感觉到迈特的细心，最后的私人售后服务更是进一步的沟通，只有了解客人想要什么，才能给他想要的。一个优秀的销售人员需要用推销说服的方式达到最终的成交目的，对专业知识的掌握固然重要，但是良好的沟通才是保证说服术顺利实施的方式。

实际上，掌握必要的沟通技巧，不仅对于销售人员来说具有莫大的助益，对于任何人都是有着极大的帮助。任何人都无法避免与他人沟通。在生活和工作中，我们难免会遇到需要说服或劝说他人的情况。这时，我们说服他们最好的武器就是不断与他们沟通，在不断的沟通中影响他们的认知，将他们"说服"。在说服的过程中，我们需要注意以下几点。

（1）成功地促使他人改变态度和行为的原则是既要解决问题，又要不伤害双方的关系或对方的自尊。因此，措辞是否恰当是非常关键的，而采用恰当的措辞是沟通交流的前提。

（2）必须知道说什么，就是要明确沟通的目的。如果目的不明确，就意味着你自己也不知道说什么，自然也不可能让人明白，也就达不到通过沟通给他人说服的目的。

（3）必须知道什么时候说，就是要掌握好沟通的时间。在沟通对象正大汗淋漓地忙于工作时，你要求他与你商量下次聚会的事情，显然不合时宜。所以，要想很好地达到沟通说服效果，就必须掌握好沟通的时间，把握好沟通的火候。

（4）必须知道对谁说，就是要明确沟通的对象。虽然你说得很好，但你选错了对象，自然也达不到说服的目的。

（5）必须知道怎么说，就是要掌握沟通的方法。你知道应该向谁说、说什么，也知道该什么时候说，但你不知道怎么说，仍然难以达到说服的效果。通过沟通将他人说服要用对方听得懂的语言——包括文字、语调及肢体语言，而你要学的就是透过对这些沟通语言的观察来有效地使用它们进行沟通。

（6）用真诚之心浇灌沟通。真诚是理解他人的感情桥梁。而缺乏诚意的交流难免带有偏见和误解，从而导致交流的信息被扭曲。

（7）在沟通交流的过程中，要善于使用"换挡"的技巧，即发送者和接收者的角色互换，积极鼓励对方将想说的说出来，当对方表述的时候，说服者要仔细倾听；当对方准备倾听时，说服者又要尽快转而阐述自己的思想、观点和情感。"换挡"技巧对于说服者的好处在于使对方愿意听你讲；从对方的"诉说"中了解与掌握其不满意和反驳的理由；给对方提供一个畅所欲言的场所，等等。

卡耐基书中曾经讲道：让对方懂的方式是沟通，让对方彻底懂的方式是不停的沟通。良好的沟通同样可以帮助说服术取得更好的效果，在管理学、心理学、语言学、销售学等众多领域，凡是略微与"说服"相关的地方，沟通都变成了实现说服术的重要技巧。不得不承认经过沟通，详细地了解一个人后，说服这个人就变得很容易实现。沟通的形式通常会让被说服者感觉自己受到尊重从而卸下防备，沟通的过程会让被说服者感到自己受到关注从而拉近距离，沟通的结果是让说服者更清晰地了解对方从而了解到破绽，说服术就是在这样看似不经意的沟通过程中很自然地实现了。

说服，就是把你的意见变成他的意见

每个人都相信自己的主意，对他人强迫自己买什么东西或做什么事情都会感到不快。因此要想成功地说服一个人，可以一步一步地引导他，让他觉得你的意见是出于他而不是你，这样一来他自然容易接受这一观点。因为他觉得这个观点是自己说出来的，而实际上他是在你的引导下提出的，说白了这就是你的意见，而对方却没有意识到这一点，这样一来你对他的说服也就实现了。

没有人喜欢被支配，要想做到这一点，首先我们可以通过提出相关的建议来引导对方最后做出必要的结论。

西奥多·罗斯福在纽约州当州长的时候，犹如一个出色的外交家。他和那些政治活动家们保持良好关系的同时，又成功地进行了不合他们心意的改革。他是这样获得

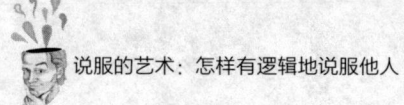

成功的：每当任命一个人担任什么重要职务的时候，他总是邀一些政治活动家共同商讨。

"首先"，罗斯福说，"他们会推荐明显不适宜的候选人。我对他们讲，任命这个人在政治上是不适宜的，因为社会舆论通不过。随后，他们又向我提出另一个人选，但对这个人既说不出他的长处，也找不到他的短处。通常我就说，舆论界不希望这种人占据这个位置。我请他们另举贤能。第三个候选人比较合适些，但仍不完全合适。最后我对他们表示感谢并请他们再考虑一下，于是他们就提出了我自己选中的那个人。对他们的帮助表示感谢的同时，我宣布了对这个人的任命。我对政治活动家们说，为使他们满意我是尽力而为了。现在该轮到他们助我一臂之力了。他们也没有忘记我对他们的帮助。在需要的时候，他们支持了我提的候选人。"

表面上罗斯福是在倾心听取他人的建议，但正是他的这一举动让所有提出建议的政治活动家们都觉得罗斯福对于谁担当重要职务的任命，是出于他们自己的意见而推选出的候选人，体现了他们自己内心所想的。这其实正是罗斯福对政治家们的说服。

威尔逊当总统时，爱德华·豪斯上校对美国的内外政策产生过很大影响。威尔逊总统向上校征询意见多于自己的内阁成员。这位上校是运用何种手段使得他对总统有如此大的影响力呢？在阿瑟·史密斯的一篇文章中援引过豪斯说的一些话，或许这些话能向我们解释爱德华·豪斯为什么有这么强大的影响力——

"和总统关系密切后"，豪斯说，"若想要他相信某个想法是正确的，最好不过的办法就是向他顺便说出这种想法，这样能使他对此感兴趣，使他觉得这个主意是他想出来的。这一次这样做时我就发现这种办法出乎意料地有成效。我曾到白宫极力劝说总统承认他所赞成的政策是不正确的。几天后竟听到总统把我的观点当作他自己的观点说了出来，的确使我感到惊讶。"

"这不是您的想法，而是我的想法。"豪斯是否会这样打断总统的讲话呢？当然不会。他很机智、灵活，他不需要夸奖，他要的是效果。他能使威尔逊总统把他的意见当作总统个人的意见，有时他竟能大声夸耀威尔逊总统的这个意见是正确的。

案例中威尔逊总统就是被豪斯在不知不觉中说服的，在威尔逊总统看来那些主意是自己的，事实上它是豪斯的。任何人都同样存在着威尔逊的这种弱点。因此我们要像豪斯那样为人处世。在希望人们根据自己的观点办事时，通过"让别人给他出的主意不属于您，而属于他自己"这一方法对对方进行说服，让自己的目标顺利达成。

杰瑞专门从事将新设计的草图卖给服装设计师和生产商的业务。3年来，他每星期，或每隔一星期，都前去拜访纽约最著名的一位服装设计师。"他从没有拒绝见我，但

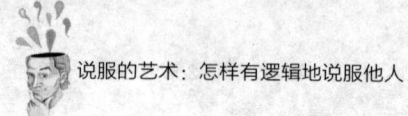

也从没有买过我所设计的东西。"杰瑞说道,"他每次都仔细地看过我带去的草图,然后说对不起,杰瑞先生,我们今天又做不成生意啦!"

经过150次的失败,杰瑞体会到自己一定是过于墨守成规,所以决心研究一下人际关系的有关法则,以帮助自己获得一些新的观念,找到新的力量。后来,他采用了一种新的处理方式。他把几张没有完成的草图夹在腋下,然后跑去见设计师。"我想请您帮点小忙。"杰瑞说道,"这里有几张尚未完成的草图,可否请您帮忙完成,以更加符合你们的需要?"

设计师一言不发地看了一下草图,然后说:"把这些草图留在这里,过几天再来找我。"3天之后,杰瑞回去找设计师,听了他的意见,然后把草图带回工作室,按照设计师的意见认真完成。结果呢?杰瑞说道:"我一直希望他买我提供的东西,这是不对的。后来我请求他提供意见,他就成了设计人。我并没有把东西推销给他,是他自己买了。"

为什么杰瑞换了一种推销方式就让设计师接受了自己的草图呢?原因就在于杰瑞拿着根据设计师的意见改了的草图,这样通过事先征询设计师的意见得出的设计图让设计师觉得最后的设计结果是出于自己的意见而设计出来的,因此设计师就接受了杰瑞的设计图。换句话说,杰瑞通过让设计师觉得最后的意见是出于自己而给设计师洗了脑。

李辉是公司的部门经理，随着部门业绩的下滑，李辉决定要改变一下下属们的精神面貌。李辉首先决定从改变办公室的摆设开始，以一个新的面貌来改变部门的气氛。虽然对办公室新摆设的构思让李辉兴奋不已，不过他仍然决定先保守秘密，以便给大家一个惊喜。

　　周末，李辉花了很长时间改变了办公室的陈设，桌子和椅子都移动了位置，文件柜和盆景也都挪了一遍。李辉觉得自己做得很不错，下周他一定会得到下属们的赞美。

　　周一早晨，李辉刻意提早到办公室观察大家的反应。但结果令他失望：每个到办公室的人都选择一言不发。到最后，甚至开始有人抱怨，文件挪动后，找起来很麻烦。李辉没有得到一句赞美之词，反而备受埋怨。显然，李辉的努力毫无意义，下属们抱怨了一周，办公室的气氛反而愈发紧张。

　　到了周五，李辉决定召集下属开会，承诺在周一早上把所有的东西都移回原位。于是李辉不得不又花了一个周末的时间，重新去摆放办公室的设施。大家似乎对这种结局都感到满意，但李辉始终耿耿于怀，他觉得的确有必要做些改变。

　　这一次，他召集了几名重要下属进行讨论，下属们在听完李辉的意见后表示："我们觉得您说得有道理，改变工作环境，也许会带给我们新的感觉。"于是，李辉建议让所有的员工共同设计办公室的陈设方案。当天下午，下属们就把新的办公室配置图画好了。

　　在接下来的一周中，大家都忙着安排办公室的空间。

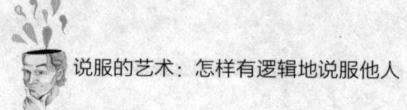

说服的艺术：怎样有逻辑地说服他人

周五的时候，所有人都达成了共识，每个人都很兴奋。周末的时候，下属们都过来，大家忙着搬东西，一起调整办公室的陈设，气氛相当活跃。

周一，布置一新的办公室受到大家的肯定。办公室的新面貌似乎真的为部门注入了新的活力，每个人都显得精神抖擞，干劲十足。实际上，除了一两个桌子的摆放不同，下属决定的配置图和李辉之前决定的差不多。

李辉采取了不同的决策方式，效果大不一样。当他一厢情愿地试图改变时，遭到了大家的抵制，因为下属在决策过程中是被动的；当他让下属参与决策时，却意外地达到了自己目的。这是因为让下属参与决策时下属会感觉决策的意见并非出于你，而是自己意见的最终所得，自然更容易接受你的决策进而被你说服了。

人们都喜欢拥有自己独立的思想，不喜欢别人妄下主张。没有人喜欢无条件地接受他人的观点，或被人强迫去做一件事；人们都喜欢按照自己的意愿或照自己的意思行动，更希望别人在做事时征询自己的愿望、需求和意见。因此，在你想说服他人、影响他人、将他人"说服"的时候，千万不要一意孤行地把自己的想法强加于人，因为没有人喜欢被他人支配。采用一些巧妙的方法让被说服的人觉得最终的意见是出于他自己，这样会取得事半功倍的效果。

话说到点子上，建立你的支配地位

一个高超的说服者必定知道怎样才能走进他人心灵的说话艺术。如果在我们的话语里透着像玫瑰花一样的馨香，那么，这馨香无疑就能帮我们叩开他人的心房；如果在我们的话语里回荡着像圆舞曲一样美妙的旋律，那么在这美妙的旋律中他人就会向我们敞开自己的心扉；如果在我们的话语里充满着像阳光一样的关爱和温暖，那么这种关爱和温暖的种子就有可能在他人的心灵里开出理解和感激的花朵……

在说服他人的时候，我们说的话其实非常有学问，其中最关键的就是抓住能够让他人信服的核心进行说服，把话说到人的心坎里面，不然说出的话就等同于一番废话。最基本的例子是公司的"价值观说服"，制定和掌握这些程序的人是最大的赢家，那些跟从于这艘信仰之船的人，他们是被说服的目标，哪怕他们也参与了这个神话的营销，但也无法逃脱被说服的命运。

著名的人力资源培训专家吴甘霖博士曾说过："要解决问题，首先要对问题进行正确界定。弄清了问题到底是什么？就等于找准了应该瞄准的'靶子'。否则，要么是劳而无功，要么是南辕北辙。"只有抓住居于对方思想支配地位的核心才能更好地说服对方。

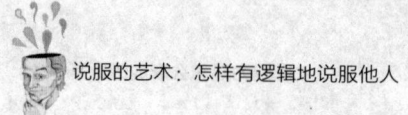

说服的艺术：怎样有逻辑地说服他人

曾经，美国芝加哥大学计划要建造一座大楼，预计需要上百万元的资金。校长哈伯马上将芝加哥的大富豪们一一列了出来，心中便有了主意。

这天中午，哈伯来到了芝加哥电车公司。他趁工作人员都出去吃饭的时候，悄悄走进了总裁洛克菲勒的办公室。他说："您好！尊敬的洛克菲勒先生，我叫哈伯，是芝加哥大学的校长，我看办公室没人，就只好自己走了进来。"洛克菲勒听后，点了点头。

哈伯接着说："其实，我早就想来拜访你了。我知道你赚了很多钱，所以想为你提供一个流芳百世的机会，就是让你在芝加哥大学兴建一座大楼，我们将以你的名字来命名。原本，我早就想这样做了，但学校董事会的一位董事总想要将这份荣誉留给与你对立的人。老实说，我一直都对你怀有好感，是你最有力的支持者。如果你能够赞成我的主张，那么，我愿意去说服那位董事，让他来支持你。今天，我刚好路过这里，就顺便进来和你谈谈。这件事情你可以考虑一下，不必急于做出决定。倘若你想和我再谈谈这件事，就麻烦你抽空给我打个电话。先生，再见！能有机会和你聊聊，我很高兴。"

说完，哈伯便离开了洛克菲勒的办公室，剩下洛克菲勒一个人在那里沉思。

当哈伯回到自己办公室的时候，洛克菲勒打电话告诉他说，他希望能和他再面谈一次，地点就在芝加哥大学。听到这样的消息，哈伯知道资金有望，便连忙高兴地答应了下来。

第二天早上，洛克菲勒如约来到了芝加哥大学。在办公室里，哈伯和洛克菲勒谈得很愉快，在友好的氛围中，洛克菲勒拿出了一张价值100万美元的支票，给了哈伯。

故事中的哈伯之所以能够如愿以偿地让洛克菲勒高高兴兴地开出了一张100万美元的支票，就是因为他找到了洛克菲勒心中处于支配地位的核心的东西——荣誉，并以此入手把话说到了洛克菲勒的心坎里（如果你不要这个荣誉的话，这个荣誉就会落到你的对手头上）。由此可见，看明白对方心里什么东西居于支配地位，对提升说服效果起着很大的作用。

某日，一男子试图制造一件轰动全国的新闻，竟私自爬上百米高纽约国际贸易中心大楼，往楼顶一站，做出要跳下去的样子。很快，楼下围满了人，包括警察、医生和记者。局长和警长轮番喊话，并试图救险，那男人总是威胁道："别过来，谁要是过来，谁要前进一步，我马上就跳下去。"僵持了片刻后，约翰气喘吁吁带了一名医生跑来。男子照样威胁约翰，但约翰不为所动，只是静静地对男子说了一句话，那男子就乖乖地走下楼。约翰说的是："我不是来抓你的，只是我身边的这位医生要我来问问你，你死后，愿意不愿意把遗体捐献给他们医院？"

说话要懂得听者的思维，约翰懂得这个男子的思维，知道这个男子的软肋在哪里。他并不想死，他只是想制造一件轰动全国的新闻，他不敢面对真正的死亡。面对不想死却以死相威胁的人怎么办，就是要让他面对到真正的死亡。约翰带着医生来，并且问他，你死后，愿意不愿意把遗体捐献给他们医院？就是要让他正视死后遗体有可能被医院解剖的现实，让他真正感到死亡的惨烈和恐惧。这位男子在死亡面前不得不屈服，接受约翰的说服乖乖地跟着他下楼，一个棘手的问题迎刃而解。

说服他人所说的话不在多，关键是要找到居于支配地位的核心并把话说到点子上。

杰瑞是一个聪明又幽默的警官，无论遇到什么难题，总能化"险"为夷。杰瑞为什么会顺利地解决棘手的问题，主要是他懂得人们的心理，总能找到在人们心中处于支配地位的东西。

有一天，三位女士为了芝麻大的事情，大吵大闹来到警察局。她们你一言我一语，谁也不肯让谁先说，叽里呱啦几乎把房顶都要掀翻，弄得局长毫无办法，只得叫人把杰瑞请来。杰瑞观察了一会儿，不紧不慢地说："我看你们的口才都不错，这样吧，请你们中间年纪最大的一位先说吧。"话音刚落，房间顿时鸦雀无声。

当三位女士争吵不休的时候，杰瑞的首要任务是让她们闭嘴。要让女人闭嘴就要抓住在女人心中占据核心地位的心理，女人最怕别人问她们的年纪。杰瑞这一问，就把握住了女人们的这一心理，她们谁也不愿意让人知道自己年纪最大。杰瑞这一问就等于将这群叽里呱啦争吵不休的女人们"说服"了，洗掉了她们说话的"欲望"，达到了解决问题的目的。

管理培训专家格兰德曾在他的著作中谈到过这样一段话："在FBI工作多年的经历，让我养成了一个好习惯，或者说这是一个世俗眼光中的'坏习惯'。我喜欢将每一件事情都视作一套有备而来的程序，它等同于一辆汽车，在组成它的全部环节中，一定有某些环节是最核心的，居于支配地位，也一定有大量的环节处在仆从的位置上。比如，当我们为某某公司制定员工培训教材时，会格外关心它将派哪位得力人士去执行该培训，这个人的性格是什么样子。我让助理把这些资料整理出来，经过谨慎的研究，我会特别约见他，与他进行交流。因为我十分清楚，一辆汽车的行驶过程，不但由它的质量来决定，还取决于驾驶它的人。"

找到居于支配地位的核心这种想法让我们领悟，说服他人的时候，要学会抓关键，从核心下手培养重点思维。一个人只有能够洞悉最有力的规则，发现最核心的秘密，然后迅速出手，心无杂念地抓住它，坚决地执行，才可以完成令多数人仰望的"伟业"。这就需要认真地观察分析，抓住对方的弱点、人性的软肋，抓住主要问题和主要矛盾。

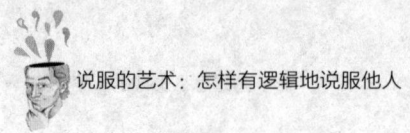

说服的艺术：怎样有逻辑地说服他人

说服者的逻辑与被说服者的"降服"

当我们客观地去分析"说服力"，不禁感慨说服者的逻辑，如果不是完美到无懈可击，那么一定是为被说服者量身打造的，因此被说服者在这种有备而来的逻辑说服术之下只能无条件投降。当我们从说服的当局抽身出来，以一个旁观者的角度去看说服者运用自己的逻辑影响或者说服对方的案例，我们会发现说服者的思维逻辑是那么的周密和灵活，它涉及了概念、推理、论证等方方面面的智慧。

逻辑是一个人思考的规律，如果一个人的思考规律被别人摸透，就很容易被他人找到思维的弱点然后对症下药进行说服。说服有时候就是一场思维的攻坚战，逻辑就是双方对战的切入点。常言道"知己知彼百战不殆"，一个人的逻辑和思维习惯都被对方摸透，就像是两军对战时被对方知道了自己的作战计划一样，只要对方稍加揣摩就能够制定出战胜自己的方法。

当时号称"狼群"的德国潜艇在大西洋上横行一时，对盟军的海上运输构成严重的威胁。更令人吃惊的是，德军还研制了一种感音鱼雷，即将投入战斗。盟军派出了大量的谍报人员想搜寻有关的情报，但都一无所获。

不久，美军在大西洋击沉了一艘德国新式潜艇，碰巧有一名曾参与感音鱼雷制造的军官正在艇上,他名叫汉斯。美军采取了各种各样的审讯,但汉斯立场顽固,软硬不吃,最后美军把任务交给了海军军官泰勒。

泰勒会说流利的德语,知识渊博,风流倜傥,他不把汉斯当作俘虏反而与之交上了朋友。通过长期的接触,泰勒的风度、才华使汉斯佩服极了。

一天泰勒邀请汉斯到家中下棋,两人边下边谈,气氛融洽。"你为什么不审问我?"汉斯提出了他一直想问的问题。"你不过是一名普通军官,有什么好问的?"泰勒不屑一顾。"你错了,我是一名经过专业训练的优秀的鱼雷军官!"高傲的汉斯有点被激怒了。"得了吧,老弟,就你那三流海军,还有什么鱼雷?"泰勒更轻蔑地摆了摆手。"请不要小瞧我们,我们不但有鱼雷,还有比你们更先进的感音鱼雷!"汉斯有点控制不住了。"哈哈,感音鱼雷,你别编神话了。"泰勒用嘲讽的大笑刺激汉斯。汉斯终于再也忍不住了,顺手抓过一张纸,画出了鱼雷的原理图,以证明自己没有讲神话。就这样,美军轻而易举就获得了感音鱼雷的秘密,并研究了对策,使得德国的这一新式武器没能发挥出任何威力。

泰勒想知道感音鱼雷的秘密,但是在之前对汉斯的审讯中已经懂得汉斯是个软硬不吃的硬汉,所以泰勒以一种"怀柔"的逻辑方式激起汉斯的情绪,攻破汉斯的思维防线。泰勒发觉汉斯的逻辑和正常士兵相同,对方越审问他,他就越明白感音鱼雷的重要性,于是泰勒反其道而行之,表现出不在乎的样子让汉斯的逻辑混乱甚至对自己怀疑和对感音鱼雷不自信。最终,泰勒的说服逻辑就是抓住汉斯的缺点(不愿被人小瞧)用激将的方式彻底击溃了汉斯的思维逻辑。最终在泰勒的"洗脑"说服下,美军获得了感音鱼雷的情报。

一个完美的逻辑链条是说服者必备的思维工具。说服者的最终目的就是给对方"洗脑",得到自己满意的答案。要想实现这一点,就要学会引导对方的思维。比如,不停地询问对方"是吗",然后每个小问题对方必须说是,一步一步逻辑性地把对方绕进自己的思维模式,让对方无力反驳,只能顺着自己的思维进行思考。

师傅斥责徒弟在对抗外敌的时候使用暗器偷袭是有辱师门的行为,但是徒弟理直气壮,以自己的逻辑让师傅哑口无言。

师傅:"我们练武之人,和别人对抗怎能使用暗器?这完全不符合练武的精神!"

徒弟:"师傅,练武不就是为了保家卫国,成为人们心中的大英雄吗?"

师傅:"那这和使用暗器暗算别人有什么关系,我们要光明正大地打败敌人!"

徒弟:"我是偷袭了,但是这样我能最快地杀死一个敌人,而且我也还活着,我活着就能杀死更多敌人,杀死更多敌人不就能更好地保家卫国?那我的做法不是英雄是什么?"

师傅一时无语，想了一下又说道："你这是什么逻辑，练武要光明磊落！"

徒弟："师傅，如果练武的人只顾着光明磊落而不能更好地保家卫国，那还要练武做什么，不如做个普通人，您不是教过我们，要知道为什么去做才有意义，我就是为了杀更多敌人，保护国家和百姓，我感觉我没有错。"

师傅说不过徒弟，而且感觉徒弟说得非常正确，连自己都快要被说服了，于是找不到责罚他的理由，最后只能够愤愤而去。

事例中徒弟的逻辑看似是非常完美的，实际却是徒弟避开了师傅"光明正大"这个逻辑中心，以自己"暗算可以多杀敌人，杀敌人是为了保家卫国，保家卫国的人都是英雄"的逻辑让师傅无法反驳，最终只能在徒弟的说服逻辑下"降服"。

人们在旅途中遇到一堵墙挡住自己的时候，如果这堵墙上有一个门，人们会考虑怎样开门，如果有一扇窗，人们会考虑打开窗爬出去，但如果是一面铁板，很多人就会考虑放弃。说服者的逻辑就像是一堵思维的墙，逻辑缜密、完整、无懈可击，说服者需要用这堵墙来阻挡住对方的思维走向，让对方向自己投降，才能有效地让对方放弃自己的思维，或者改变对方的思维。

说服的艺术：怎样有逻辑地说服他人

利用潜意识，将说服贯彻到底

潜意识是影响他人心灵的重要因素，如果你能通过影响对方的潜意识来对对方进行"说服"，那么说服对方就不是一件难事。

人的潜意识里的信息会绕过主观判断来直接影响行动。如果你能让对方在潜意识里接收到要帮助你的信息，那么你就能有效抑制住对方主观上不愿帮忙的想法。为了实现这一点，你必须把你的要求通过影响对方的潜意识来传达给对方。比如，到下班的时间，可是你的工作还没有完成，这个时候你需要某个同事的帮助。当然，你可以直接对他说："××，我的工作今天完成不了了，能不能在下班后给我帮下忙？"一般情况下，如果××是你的好朋友，那么他可能不会拒绝。但是，如果他不是你的好朋友，那么他大概就不太愿意帮忙。这时，你就要直接向××的潜意识提要求。你可以说："××，明天经理就要这些东西了，可是靠我一个人今天肯定完不成了，即使加班也不行。我该怎么办？"这些语言上的表面信息通过你的气场能量传递给××，而××的气场在接收到该信息后，他的潜意识会这样理解：他一个人加班也完不成，所以他需要帮助，而且他认为只有我能帮他，才找了我。所以，我应该帮助他。这样一来，即使不能保证××百分之百答应帮忙，至少他拒绝的可能性会变小许多。

当你还没说出自己的要求，对方就对你有所提防，甚至有对立的情绪时，一般的方法可能就无法说服对方了。这时你通过向对方的潜意识传递能削弱对方气势的信息对他进行说服，才能达到说服的目的。

克里夫刚毕业，他到当地最好的医院去求职，但院长却架子十足，根本没把他放在眼里。克里夫在院长面前滔滔不绝地介绍医院规模、设备的过程中，很随意地问了一句："请问院长先生，您这里的CT是第几代的？"院长听了大吃一惊，有点为难地说："我们还没有这种设备。"克里夫说："那么核磁共振扫描仪（比CT更高级的设备）肯定有吧？"院长用惊奇的眼光看着他："没有，难道这些你都会使用？"克里夫轻描淡写地回答："实习的时候用过。"之后，院长转变了态度，亲自送克里夫出门，并热情地欢迎他来医院工作。

求职者一般都会极力介绍自己的长处，但刚毕业的学生往往无法把自己提升到足够强并影响对方的程度。在这个案例中，克里夫的聪明之处在于他没有直接自夸，而是用暗示的方式在潜意识中打击了对方。当院长处于弱势时，克里夫的影响力就相应被放大了。这是通过暗示来作用于院长的潜意识的，而不是通过表面信息来实现的。

不过这种方式并不适用于任何场合，如果运用不当还有可能会激怒自尊心很强的人，那样反而会强化对方的负面情绪，你对对方的说服也就无法得到贯彻了。因此，要想利用潜意识给他人说服，你还必须懂得强化对方的正能量，并通过强化同频信息来实现彼此间的共鸣。

丽兹急着赶飞机，却正值交通拥堵的高峰期。她向出租车司机提供了一条可能比较好的路线，但对方对她嚷道："聪明的小姐，我已经当了15年出租车司机，你认为我还不知道走哪条路最好吗？"虽然丽兹一再说明她并非有意冒犯，但司机仍然咆哮不止。最后，她意识到司机可能因为什么别的事而正在气头上，所以对他怎么解释也没用。于是，丽兹恳切地说："你说的对，你当然比我更熟悉路径。我确实很糊涂，还以为你不懂得要穿过这座城市该走那条路才最合适呢。"司机听到这话后顿时不吭声，并用疑惑的眼光从后视镜看了丽兹一眼，并把车开到了丽兹建议的路线上。

表面上的拒绝，用的往往不是潜意识里的那个理由，就像那个司机，其实他生气的原因并非路线问题，而事实也证明丽兹提议的路线是合理的。所以，当从表面的理由入手无法说服对方，而你也很难看透对方潜意识中的问题时，你就可以像丽兹一样，把对方表面的借口当作一个同频信息，赞同并强调这一点，以此来获得对方的认同感。这样一来，你的诉求将直接被对方的潜意识所接受。

暗示就是利用气势来影响对方的潜意识，进而使对方答应你的请求。运用好这一方法对他人进行说服，能使对方发自内心地帮助你并且不会产生不愉快的情绪，甚至能加深你们之间的联系。

巧妙开口，总能让别人听了顺耳

在生活中，人与人之间交流是避免不了的，同时说话的双方彼此都希望对方能对自己实话实说。但在某些特定的场合下，如顾及面子、自尊，以及出于保密等，实话实说往往会令人尴尬、伤人自尊，因此，实话是要说的，却应该巧说。那么该如何才能巧妙地去表达呢？如何才能说得既让人听了顺耳，又欣然接受呢？在这里介绍几点，仅供参考。

第一，由此及彼肚里明。

两个人的意见发生了分歧，如果实话"实说"直接反驳就有可能伤了和气，影响团结。这个时候就需要我们采取这种方法，因为这样可能会避免一些麻烦。

一次事故中，主管生产的副厂长老马左手指受了伤被送往医院治疗，厂长老丁来病房看望时，谈到车间小吴和小齐两个年轻人技术水平较强，但组织纪律观念较差，想让他们下岗一事。老马当时并没有表态，只是突然捧着手"哎哟哎哟"大叫。丁厂长忙问："疼了吧？"老马说："可不是，实在太疼了，干脆把手锯掉算了。"老丁一听忙说："老马，你是不是疼糊涂了，怎么手指受了伤就想把手给锯掉呢？"老马说："你说得很有道理，有时候，我们看问题，往往因注重了一方面而忽视了另一方面啊！

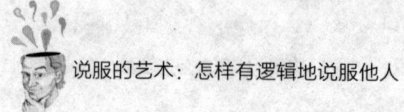
说服的艺术：怎样有逻辑地说服他人

老丁，我这手受了伤需要治疗，那小吴和小齐……"老丁一下子听出老马的"弦外之音"，忙说："老马，谢谢你开导我，小吴和小齐的事我知道该怎么处理了。"

老马用手有病需要治疗类比人有缺点需要改正，进而巧妙地把用人和治病结合起来，既没因为直接反对老丁而伤了和气，又维护了团结，成功地解决了问题。实在是高！

第二，抓心理达目的。

这就是要抓住人的心理，运用激将的方法，进而达到自己真正的目的。

一位穿着华贵的妇女走进时装店，对一套时装很感兴趣，但又觉得价格昂贵，一时难以决断是否要买。这时一位营业员走过来对她说，某某女部长刚才也看好了这套时装，和你一样也觉得这件时装有点贵，刚刚离开，于是这位夫人当即买下了这套时装。

这位营业员能让这位夫人买下时装，是因为她很巧妙地抓住了这位夫人"自己所见与部长略同"和"部长嫌贵没买，她要与部长攀比"的心理，用激将的方法进而巧妙地达到了让夫人买下时装的目的。

第三，藏而不露巧表达。

运用多义词委婉曲折地表明自己要说的大实话。

林肯当总统期间，有人向他引荐某人为阁员，因为林肯早就了解到该人品行不好，所以一直没有同意。一次，朋友生气地问他，怎么到现在还没结果。林肯说，我不喜欢他那副"长相"。朋友一惊，道："什么！那你未免也太严厉了，'长相'是父母给的，也怨不得他呀！"林肯说："不，一个人超过40岁就应该对他脸上那副'长相'负责了。"朋友当即听出了林肯的话中话，再也没有说什么。

很显然，这里林肯所说的"长相"和他朋友所说的"长相"，根本不是一回事。林肯巧妙地利用词语的歧义性，道出了"这个人道德品行差，我不同意他做阁员"这句大实话，既维护了朋友的面子，又达到了自己的目的。

人处于不同的情绪之中对别人的话的接受程度是不同的。如果能合理运用语言技巧巧妙开口，使听话者感到顺耳，这样不仅不会产生尴尬的对话气氛，也能够使对方更好地理解自己的话，避免引起无法挽回的误会。

第二章

利益决定立场

用利益诱导，再进行说服

通常我们行动的目的都是"为自己"，而非"为别人"。如果能够充分理解这一点，那么想要说服他人就有如探囊取物般容易了。只要了解对方真正想追求的利益，进而满足他的欲望便可达到目的。

肿瘤患者放疗时，每周测一次血常规，有的患者拒绝检查，主要是因为他们没意识到这种监测的目的是保护自己。

一次，护士小王走进四床房间，说："王大嫂，该抽血了！"

患者拒绝说："不抽，我太瘦了，没有血，我不抽了！"

小王耐心地解释："抽血是因为要检查骨髓的造血功能是否正常，例如，白细胞、红细胞、血小板等等，血象太低了，就不能继续做放疗，人会很难受，治疗也会中断！对身体也不好。"

患者更好奇地说："降低了，又会怎样？"

小王说："降低了，医生就会用药物使它上升，仍然可以放疗！你看，别的病友都抽了！一点点血，对你不会有什么影响的。再说还可以补充过来呀。"

患者被说服了，说："好吧！"

相信很多人都经历过，在说服人或想拜托别人做事情时，不管怎样进攻或恳求对方，对方总是敷衍应付，漠不关心。这时你首先要用利益来唤起对方的关心，然后再说服诱导。在推销方面，推销员为了引起顾客的注意，并达到80%的购买率，往往是先诱导，后说服。

在英国工业革命方兴未艾时，以发明发电机而闻名的法拉第，为了能够得到政府的研究资助，他去拜访时任首相的史多芬。

法拉第带着一个发电机的雏形，非常热心并滔滔不绝地讲述着这个划时代的发明，但史多芬的反应始终很冷淡，一副漠不关心的样子。

事实上，这也是无可奈何的事情，因为他只是一个了不起的政治家，要他看着这种周围缠着线圈的磁石模型，心里想着这将会带来后世产业结构的大转变，实在是太困难了。但是法拉第在说了下面这段话后，却使原本漠不关心的首相，突然变得非常关心起来，他说道："首相，这个机械将来如果能普及的话，必定能增加税收。"

显而易见,首相听了法拉第所说的话后,态度突然有了强烈的转变。就是因为这个发动机,将来一定会获得相当大的利润,而利润增加必能使政府得到一笔很大的税收,而首相关心的就在于此。

在很多人眼里都把利益看成最首要的,那么以"利"服人是一大先决条件,但是,将这条最基本要素抛于脑后的却大有人在。他们没有满足对方最大的利益,一心一意只是想要满足自己的私欲。

某酒厂的负责人成功研发了新水果酒,为求尽快让产品打进市场,于是他决定说服社长批准进而大量生产。

"社长,又有新的产品研发出来了。这次的产品是前所未有的新发明,绝对能畅销。连我都喜欢的东西,绝对有市场性。我敢拍胸脯保证。"

"什么新产品?"

"就是这个,用梨汁酿制的白兰地。"

"什么?梨汁酿的白兰地?!那种东西谁会喝?况且喝白兰地的人本来就少,更甭说用梨汁酿的白兰地……就是我也不会去喝。不行!"

"请你再评估评估,我认为很可行。用梨汁酿酒本来就不多见,再加上梨子有独特的果香,一定很适合现代人的口味。"

"嗯,我觉得还是不行。"

"我认为绝对会畅销……请您再重新考虑一下。"

"你怎么这样唠叨?不行就是不行。"

"好歹也要试试看才知道好坏,这是好不容易才研发出来的呀!"

"够了,滚吧!"最后,社长终于忍不住发火。

这位负责人不仅没能说服社长,反而砸掉了自己的名声。

碰到这种自私自利、妄自尊大、不知天高地厚的家伙,别人只会感觉:"瞧他口气根本是个主观、只会考虑自己的家伙,还想把个人意见强加于别人!"如此一来,怎么可能赢得说服的机会呢?因此,不管怎样,你都应该考虑从对方利益为出发点的劝说方式。

读到这里,你一定会有"不可能有那样的事,怎么会有人不为自己设想呢?世界上没有不替自己谋利的劝说。"然而,这是可能的。

该如何做呢?首先应充分考虑对方的利益为何,再考虑自己的利益何在,然后将两者合并起来,找出双方共有的利益所在,最后再着手进行劝说。先不要急着说双方没有共同的利益,一定会有的。重要的是,不要放弃,直到找出为止。

利用权威和角色说服对方

在说服别人的时候,抬出权威来说话,这就是"权威说服法"。有些推销人员在卖人寿保险的时候,他们喜欢提到权威人士。他们说："你们工厂的经理也买我们的人寿保险。"大家会说："哦，我们公司的经理那么精明能干，他们都买你们的人寿保险，看来你们的人寿保险是不错，买吧。"他没有进行深入地判断，就选择了买保险了。这就是利用了权威的心理。

有的时候没有这种权威人士给你做宣传，那怎么样呢？那么用数字、用统计资料。因为一般人认为数字是不会骗人的，所以你说："这家工厂用了我们的机器后，产量增加20%，那个工厂用了我们的计算机后，效率提高了50%。那么你把这些数字拿给客户看，客户很容易就接受了。"有些时候，统计数字还太少，产品刚刚出现，还没有那么多客户的时候，也有一种方法，就是用前面的顾客买了他们的产品觉得满意后写来的信函。这种做法对新顾客，对一些小的公司也能起一定的影响作用，这就是权威的心理。

利用角色说服对方"让你换成我，你会怎么办"这种说服法利用了"角色扮演"使对方有互易立场的模拟感觉，借此模拟感觉而达到说服对方的目的。

美国人际关系专家吉普逊，他认为他的好友之一，某陆军上将之所以有今日之成就，主要得力于他拥有超人的说服技巧。吉普逊的这位朋友从小就憧憬着军旅生涯，1929年美国经济危机，人人被生活逼得走投无路，年轻人都一窝蜂地挤入各兵种的军事学校。他特别钟情于西点军校，可是有限的名额早就被有背景人的子弟占据了。他只是个升斗小民，于是乎，他鼓起勇气，一一拜访地方有头有脸的人物，不怕碰钉子，勇敢地毛遂自荐："我是个优秀青年，身体也很棒，我平生最大的意愿，是进西点军校报效国家，如果您的子弟和我处境一样，请问这怎么办呢？"

没想到，这些有地位、人脉广的人物，经过他这么一说，十之八九都给了他一份推荐书。有的人更积极为他打电话，拜托国会议员，使得他终于成了西点军校的学生。

任何人对自己的事，总是怀着很大的兴趣和关切。这位年轻人如果不以"如果您的子弟和我一样"这种角色互换作为攻心战术的话，他哪能有今日的成就？

要说服别人，先得使他进入情境，对你的问题感同身受，兴起关切之心。别人在回答"如果你是我……"的问题时，不自觉地便把自己投射在该问题中了，最起码的收获是，他的回答已经为我们提供了较客观的解决方法。

一般来说，权威的话语比较有力量，可信度也高。而角色转换可以让对方更好地感同身受，如此双重劝服，一定可以起到不错的效果。

巧设陷阱，让对方多说"是"

日本有个小和尚聪明绝顶，他的名字可以说是家喻户晓。他最擅长的说服方式就是诱导对方说"是"。这位小和尚的名字就叫一休。足利义满把自己最喜爱的一只龙目茶碗暂时寄放在安国寺，没想到被一休不小心打碎了。就在这时，足利义满派人来取龙目茶碗。大家顿时大惊失色，不知所措，茶碗已被一休打碎，拿什么去还呢？一休道："不必担心，我去见大将军，让我来应付他吧！"

一休对足利义满说："有生命的东西到最后一定会死，对不对？"

足利义满回答："是。"

一休又说道："世界上一切有形的东西，最后都会破碎消失，是不是？"

足利义满答道："是。"

一休接着说："这种破碎消失，谁也无法阻止是不是？"

足利义满还是回答："是。"

一休和尚听了足利义满的回答，露出一副很无辜的神情接着说："义满大人，您最心爱的龙目茶碗破碎了，我们无法阻止，请您原谅。"足利义满已经连着回答了几个"是"字，所以他也知道此事不宜再严加追究了，一休和尚和安国寺便这样安然地渡过了这一难关。

在说服过程中，可以先巧设陷阱，诱导对方在没有任何防备的情况下说"是"。对方在不知不觉中会一步步坠入圈套。这时候你就牵住了他的"牛鼻子"，使得对方不得不跟着你走。

诱使对方说"是"的方法是，开头切勿涉及有争议的观点，而应顺应对方的思路强调彼此有共同语言的话题，从对方的角度提出问题，诱使对方承认你的立场，让对方连连说"是"，与此同时，一定要避免对方说"不"。

　　一个人的思维是有惯性的，当你朝某一个方向思考问题时，你就会倾向于一直考虑下去，这就是为什么有些人一旦沉醉于某些消极的想法之后，就一直难以自拔。在人际交往中我们应懂得并运用这一原理。与人讨论某一问题时，不要一开始就将双方的分歧亮出来，而应先讨论一些你们具有共识的东西，让对方不断说"是"，渐渐地，你开始提出你们存在的分歧，这时对方也会习惯性地说"是"，一旦他发现之后，可能已经晚了，只好继续说下去。

　　"是"的反应其实是一种很简单的技巧，却为大多数人所忽略。懂得说话技巧的人，会在一开始就得到许多"是"的答复。这可以引导对方进入肯定的方向，就像撞球一样，原先你打的是一个方向，只要稍有偏差，等球碰回来的时候，就完全与你期待的方向相反了。也许有些人以为，在一开始便提出相反的意见，这样不正好可以显示出自己的重要而有主见吗？但事实并非如此，在现实生活中，这种"是"的反应很有用处。詹姆斯·艾伯森是格林尼治储蓄银行的一名出纳，他就是采用这种办法挽回了一位差点失去的顾客。

　　"有个年轻人走进来要开个户头，"艾伯森先生说道，"我递给他几份表格让他填写，但他断然拒绝填写有些方面的资料。

"在我没有学习人际关系课程以前,我一定会告诉这个客户,假如他拒绝向银行提供一份完整的个人资料,我们是很难给他开户的。但今天早上,我突然想,最好不要谈及银行需要什么,而是顾客需要什么。所以我决定一开始就先诱使他回答'是,是的'。于是,我先同意他的观点,告诉他,那些他所拒绝填写的资料,其实并不是非写不可。

"'但是,假如你碰到意外,是不是愿意银行把钱转给你所指定的亲人?'

"'是的,当然愿意。'他回答。

"'那么,你是不是认为应该把这位亲人的名字告诉我们,以便我们届时可以依照你的意思处理,而不致出错或拖延?'

"'是的。'他再度回答。

"年轻人的态度已经缓和下来,知道这些资料并非仅为银行而留,而是为了他个人的利益。所以,最后他不仅填写了所有资料,而且在我的建议下,开了一个信托账户,指定他母亲为法定受益人。当然,他也回答了所有与他母亲有关的资料。

"由于一开始就让他回答'是,是的',这样反而使他忘了原本存在的问题,而高高兴兴地去做我建议的所有事情。"

促使对方说"是"的方法很多,目的都是要以最简单的方式使对方同意你的观点。当你与别人交谈的时候,不要先讨论你不同意的事，要先强调——而且不停地强调——你所同意的事。因为你们都在为同一结论而努力，所以你们的相异之处只是方法，而不是目的。要让对方在一开始就说"是，是的"，假如可能的话，最好让对方没有机会说"不"。

很多人先在内心制造出否定的情况，却又要求对方说"好"，表现肯定的态度，这样做是不可能让对方点头的。假如你要使对方说"好"，最好的方法是制造出他可以说"好"的气氛，然后慢慢诱导他，让他相信你的话，他就会像是被催眠般地说出"好"。

换句话说，你不要制造出他可以表示否定态度的机会，一定要创造出他会说"好"的肯定气氛。当你向别人发问，你可以连续不断地追问下去，而最后使对方不得不说"好"。这是制造肯定气氛最高明的技术，也是让对方点头的第一种妙方。

譬如当你看到某种东西，你先连续问对方五六次："它的颜色很漂亮吧？""它的手工很精细吧？""它的造型很完美吧？""它的……"让对方答出一连串的"是"之后，你再问他原先你想获得他肯定回答的问题，那他一定会说"是"。因为在此之前，他已被你催眠似的说"是"，很自然的，在回答你这关键问题时，他也会说"是"。

所以，要使对方回答"是"，问问题的方式是非常重要的。什么样的发问方式比较容易得到肯定的回答呢？当然是你的问题已经暗示了你所想要得到的答案，这是使对

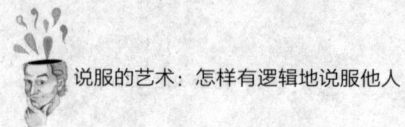
说服的艺术：怎样有逻辑地说服他人

方点头的第二种妙法。

譬如当你在说服别人购买你的商品时，不应该问顾客喜不喜欢、是否想买。你应该问他："你一定喜欢，是吧！""你一定很想买，是吧！"你必须用"这颜色很漂亮吧！"来代替"这颜色很漂亮吗？"因为，你问他："颜色漂亮吗？"他可以回答："不漂亮。"可是，你问他："颜色很漂亮吧！"他就不得不回答："很漂亮。"

你一定在电影上看过那些老谋深算的律师，在法庭为被告辩护时，一定是一步一步诱导原告说出对被告最有利的情况。

第三种使对方点头或说出肯定答案的妙方是，当你向对方发问而他还没有回答之前，自己也要先点头。你一边发问一边点头，可以诱导他更快点头。因为你的行动和态度会诱导对方的行动和态度。所以只要善用此原理，就会更快地得到对方肯定的答案。

软硬兼施，对方自然拒绝不了你

暴力与怀柔，两者分开来用，人人都可以将其发挥到极致，然而这样效果往往不好，但是如果将两者结合起来，双管齐下，就会威力无穷，这就是"1+1＞2"的效果。

张嘉言驻守广州时，沿海一带设有总兵、参将、游击等官职。总兵、参将部下各有数千名士兵，每天的军粮都要平均分为两份。

参将的士兵每年汛期都要出海巡逻，而总兵所管辖的士兵都借口驻守海防，从来不远行。等到每过三五年要修船不出海时，参将部下的士兵只发给军粮的一半，如果没有船修而不出海，就要每天减去军粮的三分之一，以贮存起来待修船时再用。只有总兵的部下军粮一点也不减，当修船时另外再从民间筹集经费。这种做法已沿袭很久，彼此都视为理所当然。

不料，有一天，巡按将此事报告了军门，请求以后将发给总兵部下的军粮减少一些，留待以后准备修船时再用。恰巧，这位军门和总兵之间有矛盾，于是就仓促同意削减军粮。

总兵各部官兵听到消息后，立即哄然哗变，他们知道张嘉言在朝廷中很有威信，就径直围逼到张嘉言的大堂之下。

张嘉言神色安然自若，命令手下人传五六个知情者到场，说明事情真相。士兵们蜂拥而上，张嘉言当即将他们喝下堂去，说："人多嘴杂，一片吵闹声，我怎么能听清你们说些什么。"兵士们这才退下。当时正下大雨，兵士们的衣服都淋湿了，张嘉言也不顾惜，只是叫这几个人将情况详细说明。这几个人你一言我一语，都说过去从来没有扣减总兵官兵军粮的先例。张嘉言说："这件事我也听说了。你们全都不出海巡逻，这也难怪上司削减你们的军粮了。你们要想不减也可以，不过那对你们并没有什么好处。上司从今以后会让你们和参将的士兵一样每年轮换出

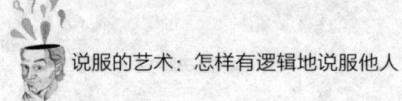
说服的艺术：怎样有逻辑地说服他人

海巡逻，你们难道能不去吗？如果去了，那么你们也会同他们一样，军粮会被减掉一半。你们费尽心机争取到的东西还是拿不到的，肯定要发给那些来替换你们的士兵。既然是这样，你们为什么不听从上司，将军粮稍微减少一点呢？而你们照样还可以做你们大将军的士兵，你们再认真考虑一下吧！"

这几个人低着头，一时无法对答，只是一个劲地说："求老爷转告上司，多多宽大体恤。"

张嘉言问："你们叫什么名字？"

他们都面面相觑，不敢回答。

张嘉言顿时骂道："你们不说姓名，如果上司问我，'谁禀告你的？'让我怎么回答！"

这几个人只好报了自己的姓名，张嘉言一一记下，然后，对他们说："你们回去转告各位士兵，这件事我自有处置，劝他们不要闹了。否则，你们几个人的姓名都在我这儿，上司一定会将你们全部斩首。"

这几个人顿时吓得面容失色，连连点头称是，退了出去。

后来，总兵部下的士兵每日被扣军粮银一钱，士兵们竟然再也没有闹事的。张嘉言的这招恩威并施堪称经典。

在说服他人的过程中，采用刚柔相济的劝诫之术，一方面能使别人体面的"退"，另一方面又坚持自己的原则，使自己的主张得到采纳，这种方法使许多事情的处理尚有余地。

软硬兼施的方法还可以以两种人合作逼人就范的形式来实施。

比如，影片中审讯犯人的绝妙技巧：首先有一位警员声色俱厉地威胁、恐吓犯人，把他逼到山穷水尽的困境。这时又一位陪审的警员出场，他态度十分温和地对罪犯表示信任和理解。无论是在影片中还是现实生活中，无论是哪个罪犯都会受这种技巧所驱使，十有八九会坦白认罪的。

而现实中警界的审讯，虽没有影片中表现得那么生动活泼，基本上方法也是如出一辙。首先罪犯由攻击型的警员来审问，以凌厉的攻势摧毁对方的意志，向他说明罪证确凿、他的同伙都招供了等等，把他逼到进退两难的边缘。接受了这样的审讯后，有的人会屈服，而顽固的罪犯则会死不认罪。

这种情况下，则派另一位温和型的警员审问他。警员完全站到罪犯的立场上，真心地安慰他、鼓励他："你的兄长都希望你得到宽大处理，希望你为他们考虑"等等。对这种软招，罪犯往往会自惭形秽，坦白自己的一切犯罪行为。

这种手法是一种奇异的心理法则，又称"缓解交代法"。由缓特征与急特征的两个人合作，一方首先把对方逼到心理的死胡同里去，令他一筹莫展；这时另一个人出来指点给他一条逃避的暗道。这种情况下，对方会自然地奔向那条可以脱身的暗道了。

恰到好处的沉默比语言更有力量

沉默是语句中短暂的间隙,是超越语言力量的一种高超的传播方式。恰到好处的沉默往往能收到"此时无声胜有声"的效果。这个技巧实际上是引自美国联邦调查局盘问犯人时所用的心理学技巧。试想本来你是在滔滔不绝地讲话,忽然沉默了下来,必然会让对方产生摸不着头绪的不安。

当然,这个技巧并不适用于任何时候和任何情况,但是,当对方注意力不集中时,或对于那些经常表现出毫不在意的对手,确实是有效的心理技巧。

演讲者对沉默的作用最有体会,演讲过程中,如果会场变得嘈杂,擅长演讲的人就会停顿一段时间,以此来平息下面的窃窃私语,因为瞬间莫名的沉默会引起对方的不安。如果演讲者一直沉默,听众就会互相提醒,会场也就会很快安静下来。

恰到好处的沉默可以起到强调的作用,懂得何时沉默可以清楚地表明谈话的重点。美国前总统林肯就善于运用沉默技巧。当林肯说到某项重点时,他往往会倾身向前,直接注视听众达1分钟之久。这种沉默高度集中了听众的注意力,甚至比怒吼更有力量。

谈判中,适时地沉默,往往能收到千言万语所达不到的说服效果。谈判高手认为沉默有下面这些妙处。

（1）沉默往往有鼓动对方开口的作用，并且可能使得对方吐露出有利于己方的信息。

（2）沉默会使人对你的观点产生信心，因而可能使对方让步。

（3）沉默可以打破谈判节奏，不失为一种策略上的遁逃方式。

（4）沉默很容易让对方想到最坏的方面，做最坏的打算。

某谈判专家代表他的朋友与保险公司交涉赔偿事宜。

理赔员首先发表了自己的意见："先生，我知道你是谈判专家，而且一向针对高额款项谈判。但是，这一回，我们恐怕无法答应你的要价，我们公司只能承受50万美元的赔偿，你觉得如何？"

谈判专家表情严肃地沉默着，一语不发。

理赔员见状有点沉不住气了，说："其实，要是你们的要求不是太过分的话，适当增加一点点也不是不可以的，上下有个5万美元的浮动也是允许的……"

又是沉默，良久，谈判专家说："不好意思，这个我们恐怕无法接受。"

理赔员继续说："好吧，一口价，70万美元，你看如何？"

专家过了一会儿才说道："这个嘛，还是有点……"

理赔员显然有点慌了，他狠了狠心说："好吧，80万。"

专家沉默了一会儿说："那好吧。"

就这样，谈判专家只是重复着他的沉默，最后，这件理赔案在80万美元的条件下达成协议，而他的朋友原本只希望能拿到55万美元！

不论是谈判，还是其他交流活动，说话的双方都在捕捉对方的反应，以随时调整自己原先的方案。此时，一方若是干脆不表明自己的态度，只用沉默和严肃的表情来作答，往往会使对方摸不清自己的底细而自乱阵脚，并最终做出有利于自己的承诺。

用对方的弱点攻破其防线

当你想改变一个人做某一件事的方法，将新方法推荐给他时，他不一定愿意采用你的新方法，他会感觉还是老方法好。即使你是上司，也要记得，说服总比强迫好，用说服的方法会使你得到更大、更长远的好处。

你的目的不外是让他抛弃自己的旧思想，接受你的新思想，但是除非他完全相信你的新方法好于他的旧方法，而且还能给他带来更大的好处，他才可能放弃自己的旧思想，接受你的新思想。为了使别人更顺畅地接受你的思想，要引导他客观地、实事求是地检查他自己的情况，以便于你指出并暴露他的弱点。

当你发现了对方弱点的时候，你就可以用这个弱点说服他接受你的观点。当他明白那确实是自己的弱点的时候，他就会敞开胸怀接受你的建议。当你想说服某人接受你的观点时,最好是先让他开口说话,让他替自己的情况辩护。但你心里清楚你占有优势,这样,他说着说着就不可避免地要暴露出自己的弱点,你可以用这些弱点攻破他的防线,但最好还是让他发现自身的弱点。

你怎么才能让他透露他的观点呢?不妨向他提出一些主要的问题。为了帮助你尽快掌握这种方法。让我们听听一家大公司的企业关系部主任谢利·贝内特女士是怎么说的。

"如果我的一个新计划或者一种新思想遭遇一个雇员的阻力,我总会想方设法听听他的意见。"贝内特太太说,"他的意见总能给我一些提示,让我找到向他发问的门路。因为他在谈话中,会多多少少暴露出一些弱点,实际上,他也知道这些弱点,但这些弱点对我都是大有帮助的。我请他把反对理由的要点再考虑几次,然后通过询问他还有什么其他想补充的以发掘更多的情况。

"通过询问一系列的问题,我能够得到他认为是重要的各种情况。在宣布我的主张之前,我要告诉他我对他的观点很感兴趣。一开始我让他多讲话,但绝不能让他操纵这次对话。我要通过提问来控制形势,我越问,他的话就会越少,到后来就会张口结舌。这样,我就完全掌握了主动权。如果你想确保你的思想方法战胜他的思想方法,你就让他设身处地发现他自己的弱点,那样他就会心甘情愿地接受你的观点了。"

你也可以像贝内特女士那样做,如果你让说服对象先

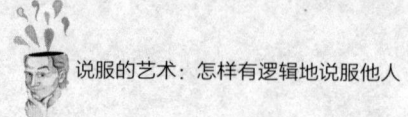

发表他的看法，他就会暴露自己的思想，从而你就会发现他的弱点。当他意识到自己在谈话中有漏洞的时候，就会更愿意接受你的观点。

当然，如果你发现他的旧方法比你的新方法更好，则应保留旧方法而丢弃你的新方法，其结果依然对你有利。

为对手叫好是最高明的说服术

我们在与人初次见面时都会很客气，也能做到欣赏别人且谦让、付出。可是时间长了互相了解后就相处不好了，不愿为对方付出，甚至斤斤计较或诋毁起来。成功的处世是与人相处得越久越显示出自己对人的友好，越要懂得欣赏对手，为他叫好。

因为与人相处久了，产生一种视对方为工作和生活中的竞争对手的心理，以致处处戒备和设防，对人的笑容减少了，客气话也少了，反而挖苦与讽刺的话多了。

当我们自己取得成功的时候总是兴奋不已，希望有人为自己鼓掌。可是当身边人，包括你的"假想敌"、你的对手取得成功的时候，你该怎样去面对呢？是嫉妒还是欣赏？是大声叫好还是不屑一顾？尤其是你平日与他相处得很紧张、很不快乐的人成功了，这时候，你为他鼓掌，会化解对方对你的不满和成见，改变他对你的态度，打开你们之间的死结。

黎元洪清末在湖北时，一直位于张彪之下。张彪是张之洞的心腹，娶了一位张之洞心爱的婢女，人称"丫姑爷"。但张彪嫉贤妒能，对黎元洪十分反感，加之当时报纸亦赞扬黎元洪而贬低张彪，张彪心怀不满，常在张之洞面前进谗言，诋毁黎元洪。

　　张彪在进谗言的同时，还以上级的职位，百般羞辱黎元洪，想让黎元洪不能忍受耻辱而离开军队。张彪的手法非常恶劣，曾经在军中将黎元洪罚跪，并当着士卒的面，将黎元洪的帽子扔在地上。黎元洪忍受着百般欺辱，不动声色，脸上毫无怒容，张彪也对他无可奈何。然而，黎元洪亦非甘为人下者。他明知张彪欺侮自己，却不与之争锋，而是"平敛锋芒，海涵自负，绝不自显头角，以防异己者攻己之隙"。

　　张之洞任命张彪为镇统制官，但军事编制和部署训练却要黎元洪协助张彪。张彪不懂军事，黎元洪呕心沥血，为之训练。成军之日，张之洞前往检查，见颇有条理，就当面称赞黎元洪，黎元洪却称谢说："凡此皆张统制之部署，某不过执鞭随其后耳，何功之有？"张彪听了黎元洪这话，心中十分感激，二人关系逐渐融洽。

　　1907年9月，张之洞任军机大臣，东三省将军赵尔巽补授湖广总督。赵尔巽看不起张彪，要以黎元洪取代张彪，黎元洪坚辞不肯。

　　同时，黎元洪又面见张彪，告之此事，建议他致电张之洞，让张之洞帮其设法渡过难关。张彪一听，心中大惊，立即让其夫人进京活动，张之洞来函，才保全了他的职位。张彪对黎元洪十分感激，张之洞亦认为黎元洪颇有诚心。

张之洞很看重黎元洪的"笃厚"，说："黎元洪恭慎，可任大事。"实际上，黎元洪心里清楚，虽然张之洞已离开了湖北，但在北京当军机大臣，仍可以影响到湖广总督的态度，如果黎元洪在张之洞离鄂之后，即取其宠将职位以自代，不但有忘恩负义的嫌疑，甚至会影响自己的前途。

更为重要的是，黎元洪通过"忍"以及帮助张彪，使张彪改变了对自己的态度，这样，等于在湖北又添一个助手，有利于增强自己的实力，在关键时刻能够帮自己的忙。

1911年10月上旬，瑞平出任湖广总督，对黎元洪极不信任，但此时黎元洪与张彪关系早已改善，因此并未影响到黎元洪的官职。

为他人多鼓掌，这种付出不会让你有什么损失，反而能给你带来很大的利益。处世要成功，就要懂得为对手叫好，这样对手也会为你所用。

如果你经常抱着把事业上的竞争对手当成"仇人""冤家"的想法，想尽一切办法去搞垮对方时，你就有必要检讨了。没有人会喜欢那些爱搬弄是非、使阴招的人，每个人都希望与志趣相投的人共事。不懂得与人平等竞争、相互尊重，就会失去大家的信任。

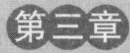

你的优势是什么

说服领导要把握七条原则

能否与领导和睦相处,直接关系到你的前途。在与领导相处时,牢记以下七条原则会让你受益匪浅,从而成功实现自己的目标。

1. 准确把握领导说话的要点

下属要想赢得领导的信任,就要认真倾听领导的讲话,准确把握他话中的重点。这会让领导觉得自己的讲话得到了别人的认可,同时他的尊严和权威也得以实现。

2. 说话简洁

说话简洁利索,是一个合格下属的基本素质。说话简洁,就是有所选择、直截了当,十分清晰地向领导报告事情的进展和你的工作近况。

在向领导汇报时,记备忘录是个好办法,可以使领导在较短的时间内,明白你报告的全部内容。如果必须提交一份详细报告,那最好就在文章前面写一个内容提要。

同时,在向领导汇报工作时,应注意把握好时间,

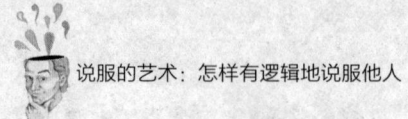

以简洁有力的语言向领导说明你的工作进度和已取得的成绩。在汇报时切忌啰唆、把握不住重点，招致领导的反感。

3. 提方案时讲点战术

如果你要提出一个方案，就要认真地整理你的论据和理由，尽可能摆出该方案的优势，使领导容易接受。如果能提出多种方案供他选择，那就再好不过了。你可以举出各种方案的利弊，供他权衡。

不要直接否定领导提出的建议。如果你认为不合适，最好用提问的方式，表示你的异议。同时，别怕向领导提供坏消息，当然要注意时间、地点、场合、方法，让领导更容易接受。

4. 在谈话中不过多提及自己面临的困难

下属如果在领导面前过多谈论自己面临的困难，只会给领导留下一个办事不利的不良印象。因此，下属在谈话中应注重谈论自己对目前困难的解决方案，将你的能力展现给领导。同时，下属一定要解决好自己面临的困难，这不仅有助于提高你的工作技能、打开工作的局面，同时也会提高你在领导心目中的地位。

5. 维护领导的形象

经常向领导介绍新信息，使他掌握自己工作领域的动态和现状；而不是在领导发表讲话时，当众指出他的失误，领导的面子容不得你在众人面前毁坏。

6. 让领导听出你对工作的积极

在与领导谈论工作时，有经验的下属很少使用困难、危机、挫折等术语,他把困难的境况称为挑战,并制订计划以切实的行动迎接挑战。面对领导的询问时,有经验的下属会以积极乐观的话语来回答,让领导听出你对这份工作的热情和认真,从而觉得你是一个可信赖的好下属。

7. 信守诺言

信守诺言是做人最基本的原则,要想赢得领导的信任,这一点必不可少。

只要你的优点超过缺点,领导是会容忍你的。他最讨厌的是一个人不可靠,没有信誉。如果你承诺的工作没兑现,他就会怀疑你是否守信用。如果工作中你确实难以胜任,要尽快向领导说明。虽然他会暂时产生不快,但是要比到最后失望时产生的不满要好得多。

与领导处好关系,获得领导信任和赏识,是每个下属想要获得升职加薪必须要做的事情。准确把握以上七条原则,能让你有效赢得领导的信任,从而获得平步青云的机会。

学会汇报工作,提升能力形象

在现代企业管理中,下级向上级汇报工作是再常见不过的事了,特别是对那些经常要与领导打交道的员工或下属来说,在领导所交办的每一项工作完成之后,向领导进行必要的工作汇报,更是必不可少的业务程序。

原则上说,只要是领导直接交办或委托他人交办的工

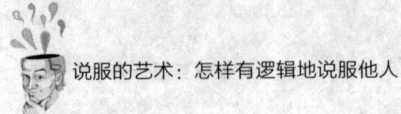
说服的艺术：怎样有逻辑地说服他人

作，无论大事小事，无论工作的结果是否圆满，均应向领导如实汇报。

从管理的角度看，领导准确地掌握下属总结的工作材料，有利于及时掌握工作进度及管理运行状况。对于员工和下属而言，如能掌握相应的汇报工作技巧，不仅有利于其自身素质的提高，而且会进一步改善其在领导心目中的形象。

汇报工作，不能太简单，也不能太啰唆，关键是要说到点子上，没有哪一个上司会喜欢啰啰唆唆而又政绩平平的汇报者。汇报工作有时采取书面汇报，有时采取口头汇报，但不管是采取书面的形式，还是口头汇报的形式，均需要掌握以下具有共性的技巧。

1. 怎样理清思路

你在向领导汇报工作之前，应冷静地对工作过程进行反思。至于先说什么、后说什么，哪些问题简略地叙述、哪些问题详细地说明，都必须理出一个比较清晰的思路来。如果对待一个问题时，你自己都没有比较完整、清晰的思路，那么你是无法或难以说服别人的。

汇报工作也是这样，如果不事先理清自己的思路，你是难以有条理地、层次分明地、有说服力地把自己做过的工作向领导汇报清楚的。

在向领导汇报工作之前，特别是在向领导汇报那些重大问题之前，必须先打腹稿，即先在脑海中把要汇报的问题以提纲的形式列出一个个分条目的小标题，记在心中，在汇报时逐条道来。当然，你也可以把这些提纲写在小本子上,作为向领导汇报工作时的备忘录。

2. 如何突出重点

任何一项工作都有重点,即在工作程序中各个环节的轻重缓急都是不同的。把握重点,常常意味着抓住了工作的要害,而这些要害问题又往往关系着企业和领导事业的大局或重大利益。所以,领导听你的汇报,或看你的汇报材料,他关心的根本问题,就是你对工作中的重点问题处理的结果如何。在具体操作时,你应掌握俗语所讲的"事不过三"的原则,即在一般情况下员工或下属向上司或领导汇报工作时,每次交谈的重点事项、关键问题,只谈一件或一个,最多不要超过三件或三个。

也许我们身边有很多这样的上级,他们在总结工作或提出指示时,一般情况下总是讲"三条内容"或提"三点建议","希望大家从三方面去做好工作"。事实说明,那些往往把问题或意见或指示归纳为三个数,而加以罗列的领导人,大多都比较干练,且办事效率相当高。尽管这不是绝对的现象,却是一个有趣的现象。

因此,员工或下属在向领导汇报工作或交谈问题时,注意每次只强调一个问题,只突出一个重点,最多不超过三个问题或三件事情,这样不仅有利于领导或上司理清思路,迅速决断,还会使领导或上司对你的能力和效率表示好感。

所以,从一定意义上讲,善于掌握重点,突出重点,并把重点问题向领导描述清楚,不仅是一个方法和技巧问题,更是一个素养和能力问题。

3. 怎样删繁就简

无论是做口头汇报,还是做书面汇报,你都必须注意删繁就简的问题,因为它不仅是技巧,而且是原则。

所谓删繁就简,就是要把一切不必要的话语从汇报中予以删除,否则就会出现两种不利的影响,一是让人感到你思维混乱,思路不清,不知所云;二是让人感到你文风不正,似有哗众取宠之嫌。更何况还有"话多有失"的时候。删繁就简,与其说是一种技巧,不如说是一种原则。

4. 恭请领导评点

当你向领导汇报完工作之后,不可以马上一走了之。聪明人的做法是:主动恭请领导对自己的工作汇报予以点评。

通常而论,领导对于下属的工作总结大多都会有一个评断,不同的是有一些评断他可能公开讲出来,而另一些评断他则可能保留在心里。事实上,那些保留在心里的评断,有时却是最重要的评断,对此,你绝不能大意。反之,你应该以真诚的态度去征求领导的意见,让领导把心里话讲出来。

对于领导诚恳的评点,即便是逆耳之言,你也应以认真的精神、负责的态度去细心反思。因为,领导之所以能够站在领导的位置上,他肯定在很多方面或某些方面有着强于你的优点。

领导对你进行诚恳的点评,无疑是把自己的聪明智慧无偿地奉献给你,你何不乐于接受呢?同时,也只有那些能够虚心接受领导点评的员工或下属,才能够再一次被领导委以重任。那些经常与领导打交道的员工或下属，如果能掌握上述汇报工作的技巧，必定能不断提高工作能力和文化品位，同时也会受到领导的信任与赏识，如此一来，升职加薪自然是少不了的。

提建议时，从不否定上司的想法

给上司提建议时，提建议者总会有一定的心理压力，害怕好心提建议反而把自己与上司的关系弄僵了。究竟如何说话，才能既让上司接受你的建议，又让他觉得你不是在故意与他为难或者不给他面子，这确实是件难办的事。因此，给上司提建议要学习一些实用的技巧。给上司提建议时，还要注意以下策略。

第一，让他在自然状况下认识你的能力、你的价值。首先要寻找共同感兴趣的话题，然后认真听取他的意见。在恰当的时候，对他的观点做些补充，提出新的问题。这样，可以使他认识到你是有知识、有自己见解的。

第二，交谈的话题要是上司熟悉的。如果用他根本不懂的或专业性过强的术语，会使他觉得你在难为他，或使他认为你的才识对他的职位构成威胁而产生戒备心理，进而在行动上远离你、压制你。

第三，向上司提建议时，要有理有据地陈述你的观点，以谦虚的语气，征求他的意见。这里，要注意的是，向上司提建议，要根据上司的性格和行为特点采用他乐于

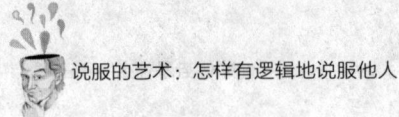
说服的艺术：怎样有逻辑地说服他人

接受的方式，例如，上司随和，采用口头建议；上司严肃，采用书面建议；上司自尊心强，可以私下交谈，等等。

第四，体察领会上司的心态。学会关心上司，在他一筹莫展时，主动为他出谋划策，并尽自己的力量帮助他。

下面具体谈谈向上司提意见的方法、技巧。

1. 多"引水"，少"开渠"

多"引水"，少"开渠"的意思是说，向上司"进谏"时不要直接点破上司的错误，或越俎代庖地替上司做出所谓的正确决策，而是要用引导、试探、征询意见的方式，向上司讲明其决策、意见本身与实际情况不相符合，使上司在参考你所提出的建议后，水到渠成地做出你想要的正确决策。

2. 多献"可"，少加"否"

多献"可"，少加"否"的意思是说，在下属向上司"进谏"时多献可行的，少说不该做的。它包括两层含义：一是要多从正面去阐明自己的观点；二是要少从反面去否定和批驳上司的意见，避免与上司发生正面冲突。

3. 兼并上司的立场

在实际工作中，上司毕竟也是人，俗话说，"金无足赤，人无完人"。上司在某些方面有缺陷是很自然的，关键是作为下属要有一个正确的心态，认识到上司也是人，不是神，他不可能不犯一丁点错误。立场站对后，处理同上司的关系就会顺利得多。

兼并上司的立场，的确不失为向上司提意见的上策。首先，这种策略没有排斥上司的观点，它是站在上司的立场,最终是为了维护上司的权威,出发点是善意的;其次,这种策略是一种温和的方式,能够充分照顾上司的自尊,易于被上司接受,效率较高;最后,这种策略需要很强的综合能力,需要很高的社会修养,并能够针对不同情况,不断提出有效率的兼顾上司立场的意见,久而久之,自己的领导能力亦会迎风而上,飞速提升。

4. 以此说彼

以此说彼就是以别人成功的例子论证自己建议的可行性,无形中为自己营造了一些气势。

给上司提建议,最好自己对该建议能有百分之百的把握,如果能引经据典地以真实存在过的例子为证,那无疑会加强自己建议的说服力。上司若切实从内心认可了这个建议,看到建议将会带来的利益,就必然会乐意接受。

巧妙展示能力,做上司的得力助手

成功学中提到过:一个人的成就体现在自己的能力被他人需要,进而获得一个不可或缺的地位。在工作中人们更加注重让自己的上司需要自己,因为上司往往拥有控制着自己存在、升职甚至走向成功的权力,所以用适当的说服技巧向上司展示自己的能力,让上司知道自己是其不可或缺的得力助手,往往是成就自我非常有效的方式。

在工作中,工作能力是衡量一个人的重要标准,上司最看重的也是下属的能力。因此要想给上司说服,获得他

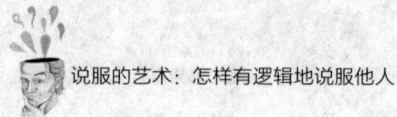

的青睐，最好的办法就是向上司展示自己的能力。事实上，当你以自己的实力为上司争光并且给公司带来利润的时候，上司会认为在工作方面你可以作为他得力的助手帮他解决问题，而在这个过程中上司已经被你说服了。

米兰毕业于一所普通高校的建筑学专业，几经打拼才成了一家建筑公司的建筑方案设计组长。刚上任时，老板并没有给她分配固定的工作，只是让她干一些零碎活，有时还要为其他的设计组修改工程细节，工作异常辛苦。对此，米兰内心明白自己在老板的心里并没有重要的地位，所以得不到重视，如果长期下去自己随时都有可能被代替，更不用说取得更大的成就。所以米兰开始留心公司里那些资深的设计师，还时常为他们打打下手，等待着证明自己的机会出现。

有一天，公司来了一个重要客户，要求在3天之内做出一个设计方案。而公司里的其他组的设计师都有项目在身，根本抽不出时间，老板急得焦头烂额。米兰主动请缨，希望老板给她一次机会，她还拿出自己闲暇时间设计的作品给老板看，并保证一定出色完成任务。最后，老板半信半疑地把项目交给了米兰。因为时间紧，米兰看完现场，就开始工作了。由于这是她的第一次担当重任，因此3天时间里她都处在一种异常兴奋的状态中。她食不甘味，寝不安枕，满脑子都想着如何把这个方案设计好。她到处查资料，虚心向别人请教。3天后，她把设计方案交给了老板，很快就得到了老板的肯定。这个方案给公司带来了巨大的利润，也是她创下的第一笔业绩，利用这个机会米兰提议把自己的小组改为"攻坚"特别小组，专门做公司紧急和难做的项目。米兰也因此成了老板的得力助手，老板一遇到紧急和难做的项目就会找到米兰，如此一来米兰的地位就变得不可或缺。

米兰利用一个其他同事无法完成的项目为机会，向老板展示了自己的工作热情：接受任务时不打折扣，积极主动地克服困难，最后完美地把项目做好。通过这些细节一步步展示出自己的工作能力，留给上司的总是"积极而又能干"的形象。而米兰对上司的"说服"并未结束，为了能够成为上司真正的得力助手，她再次主动提出让自己的小组专门负责紧急和困难的项目，以独当一面的能力为老板排忧解难，让老板在某种程度上依赖米兰，成就自己不可替代的地位。

一个人即使再有能力，如果没有展示出来，那么自己再努力也很难成为上司的得力助手。当上司下达命令的时候，其意图往往并不是表面的简单意思，如果不能真正弄懂其意图再去完成上司心中的需要，就很难把自己的能力展示出来，要想巧妙地向上级展示自己的能力就必须弄清楚上司的真正意图。

两个同龄的年轻人同时受雇于一家店铺，并且拿同样的薪水。可是一段时间后，名叫阿诺德的那个小伙子青云直上，而那个名叫布鲁诺的小伙子却仍在原地踏步。布鲁

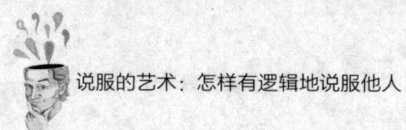

说服的艺术：怎样有逻辑地说服他人

诺很不满意老板的不公正待遇，因为他感觉自己的能力和阿诺德不分上下。终于有一天，他到老板那儿发牢骚了。老板一边耐心地听着他抱怨自己在工作中多有能力，一边在心里盘算着怎样向他解释清楚他和阿诺德之间的差别。

"布鲁诺先生，"老板开口说话了，"请您现在到集市上去一下，看看今天早上有卖什么的。"布鲁诺从集市上回来向老板汇报说，今早集市上只有一个农民拉了一车土豆在卖。

"有多少？"老板问。

布鲁诺赶快戴上帽子又跑到集上，然后回来告诉老板一共40袋土豆，自己一个人就可以都搬回来。

"价格是多少？"布鲁诺又第三次跑到集上问来了价格，然后说自己可以在城里找到更便宜的。

"好吧，"老板对他说，"现在请您坐到这把椅子上一句话也不要说，看看别人是怎么做的。"

老板把阿诺德叫来，老板说："请您现在到集市上去一下，看看今天早上有卖什么的。"

阿诺德很快就从集市上回来了，向老板汇报说，到现在为止只有一个农民在卖土豆，一共40袋，价格是多少；土豆质量很不错，他带回来一个让老板看看。这个农民1个钟头以后还会弄来几箱西红柿，据他看价格非常公道。昨天他们铺子的西红柿卖得很快，库存已经不多了。他想这么便宜的西红柿老板肯定会进一些的，所以他不仅带回了一个西红柿做样品，而且还把那个农民也带来了，他现在正在外面等回话呢。

故事中老板每问一个问题布鲁诺就需要跑去找答案，而阿诺德在老板问完第一个问题的时候就清楚了老板的意图，给老板带来一系列满意答案的同时也向老板展示了自己的工作能力，获得了老板的认同。所以布鲁诺和阿诺德的成就才有如此大的区别。

成就自我往往需要上司给自己更多的机会作为前进的踏板，而只有让上司需要自己才能赢得青睐进而获得这些机会。为了让上司需要自己，就要用巧妙的方式展现出自己的能力，让自己为上司解决难题或者完美地达到上司的要求，以自己的能力给上司说服，使自己成为其得力的助手甚至是左膀右臂，在现在的社会生活中，建立自己能力的优势变得不可或缺，最终让上司依赖自己往往就是一种独特的成就。

这样谈"薪"，领导才同意

拼搏在职场，薪水无疑是每个人都会关心的话题。

下属经常会发出这样的感慨：同样的学历背景，不相上下的工作能力，为什么两个人的薪资水平却相差如此之大？

当你的薪水一直未得到调整，一直低于其他同事时，这时的你也许会在心里暗暗掂量着自己是否拥有加薪的筹码，是否该主动和领导谈谈加薪的问题，但万一加薪不成反而让老板对自己有不好的看法怎么办？该怎么开口呢？

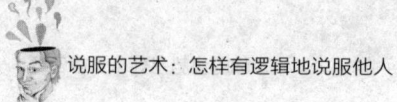
说服的艺术：怎样有逻辑地说服他人

这就涉及如何谈"薪"，领导才会同意。下属要想在与领导的谈话中成功获得加薪，需要注意以下几点说服技巧。

1. 开门见山地向领导提出加薪请求

下属表达愿望要明确，切忌拐弯抹角。既然决定提了，就不要思前想后，犹豫不决。下属要用最直接、最明白的方式表达你的加薪想法。

洪雨毕业于复旦大学，现在在一家香港大公司任职。毕业时，她的工作地点是上海，和当地消费水平相比，月薪算是很高了。但今年她被调到了香港总部，和香港同行相比，薪水就显得较低了，所以洪雨萌生了要求加薪的想法。恰逢本年度业绩评估报告出炉，洪雨的业绩表现处于中上等，她决定抓住这个机会和领导谈谈。

在谈话中，洪雨开门见山，直接表达了想要加薪的愿望。领导微笑着问她："你准备怎样说服我？"洪雨摊开面前的第一份资料，上面记载着她进入公司以来的优秀表现和重大业绩。一一陈述完毕，洪雨又打开一份自己自进入公司以来的工资变动曲线图。图表清晰地表明，洪雨的工资涨幅一直不大，明显低于同行水平。

同时，洪雨强调说，自从来到香港，自己又拿到了MBA学位，工作能力大有提高，薪水理应上一个台阶，领导听罢，爽快地说："公司将继续观察你一段时间，如果的确在工作中表现出了比以前更强的能力，可以考虑加薪。"

此后不久，洪雨的加薪愿望就实现了。

2. 和领导谈"薪"要屡败屡战

下属与领导谈"薪",不会是一帆风顺的。所以下属要抱着屡败屡战的心态,坚持与领导谈"薪",同时注意一定的方式方法,让领导在你的坚持下最终满足你的要求。

谢云曾经数次和领导谈论过加薪的问题,都被领导用这样或那样的理由给挡了回来,有些人遇到他这样的问题,就肯定不再抱指望了,要么跳槽,要么无奈地安于现状。其实,谈加薪的时候要有底气,在追求利润最大化的情况下,公司会节约一切开支,但要知道加薪是你的正当权益,不是乞讨。

所以,谢云的办法就是屡战屡败,屡败屡战,只要不提过分的要求,基本上最后都是能成功的。

领导不答应你的加薪请求,请先别垂头丧气、急着想调头就走,不妨当场讨教领导"到底怎样才能达到加薪的要求",如果领导能真凭实据地列举出你有待改进的地方,那么你就谨记在心,及时加以改进以作为下次谈判的筹码。

3. 谈"薪"的同时向领导表达忠诚

你的目的是加薪,而不是走人,所以无论谈"薪"成不成功,都要含蓄地表达出对领导和公司的忠诚,不要用辞职来威胁领导,除非你已经找好了下家。

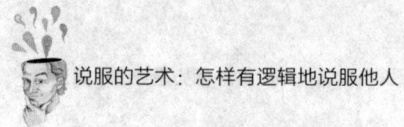
说服的艺术：怎样有逻辑地说服他人

4. 找直接领导解决问题

顶头领导是对你的工作绩效、工作能力最有发言权的人之一。直接找他谈加薪要求不仅能更好地表达自己意图，也可以避免不必要的麻烦。要知道，每个领导都不喜欢下属越级打报告。

5. 谈工资的百分比

如果你的工资基数够高，在谈加薪时最好谈百分比；如果工资额不大，可以谈加薪的具体数额。

下属在与领导谈"薪"时不妨运用以上几个技巧，成功让领导满足你的加薪请求。

不想当将军的士兵不是好士兵。要想出人头地，首先要让领导"注意"你，而后才会有可能"重视"你。晋升之路要通过领导实现，有"野心"的你千万不要太默默无闻了，一定要选择合适的时机"秀"出自己，只有敢"秀"的人，才会成功。

有时绕个圈子会更好

职场中有许多事情是"只可意会，不可言传"的，比如说"加薪"这件事，此时就需要委婉的说法，绕个圈子谈"加薪"。委婉的说法是指在讲话时不直抒胸臆，而是用委婉之词加以烘托或暗示，让别人去体悟。如果说话者不相信听众丰富的理解力，把所有的意思和盘托出，这种词意肤浅、平淡无味的话语不但会使人不悦，而且会使说服失去魅力。

李明和赵晖同在一家小型私人公司上班，近几年，公司效益稳步上升。小李和小赵的表现都很突出，两个人都有加薪的机会，小李家并不富有，他上有双亲，下有一个小女儿，妻子多病且没有工作，生活比较艰苦。所以，就目前来说，钱对小李来说更为重要。但是小李不知道怎么开口。时下人际关系极为复杂，社会环境并不单纯，每个人的素质和修养，更是千差万别，仅会实话实说还不够，应该在它的后面加上"实话巧说"才更为完备。所以在一次公司举办的庆典上，小李委婉地对老板说："老板，实在对不起，我得早走，爱人身体长年不适，实在是抱歉。"小李的老板本身一直在抉择小李和小赵的加薪问题，随后有心的老板对小李的家庭背景做了调查，发现：小李对加薪的期望值更高。

上面的故事告诉我们，说服要讲究艺术技巧和方式战略，顾及影响，追求效果，否则，会适得其反。当我们说实话时，假如不加以分析和选择，不看时间、地点、场合，即便是出于善意，但有时还是会语出伤人，从而结下怨气，最终收不到应有的说服效果。"心直口快"固然是美德，但"口快"却未必值得学习，如果我们加以区别各种情况，该真说的时候真说，该委婉的时候也别羞于委婉，那生活中的烦恼就会少很多。

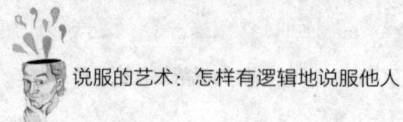

当然，现代社会，许多企业主要利用提高工资待遇来激励员工，因为每个员工都希望自己能从工作中获得满足，而工资待遇是满足其生存需要的重要手段。有了较高的工资收入，不仅感到生活有保障，而且还是社会地位、角色扮演和个人成就的象征，具有重要的心理意义。此外，工资激励必须贯彻劳绩挂钩、奖勤罚懒的原则。工资水平与劳动成果挂钩，使升了级的人满足，升不了级的人服气。当然，工资激励在激发员工积极性方面的作用，还取决于该员工的经济背景。如果他已经拥有相当可观的存款和相当齐备的家庭设施，或是出生在相当富裕的家庭里，一般来说，工资对他的激励作用不会很大。

婉拒加班，给领导一个理由

"世界上最遥远的距离，是我在加班，而你却在休息。""不在加班中病态，就在加班中变态。"面临职场的加班压力，许多白领不免发出诸如上述调侃式的抱怨。

工作中难免会遇上加班情况，有时是客观原因所致，比如公司突然遇上业务量大增的紧急情况。有时是主观原因所致，比如你的工作效率偏低，完不成当天任务。紧急情况事出偶然，加班不可避免，作为下属，要体谅领导的合理要求，倘若是自己工作效率过低，则应想方设法去改进工作方式，以适应公司要求。

但如果你确实有十分重要的事情，而加班又不是必须要做的情况时，不妨勇敢地拒绝加班。如何做可以既不得罪领导，又能够少受一点加班之苦呢？这就需要在与上级的沟通中运用一些说服技巧。

优雅的旋转餐厅里，沈群和女友在舒适的座椅上吃着西餐，不时深情凝望着对方。为了这一美好的时刻，沈群可是费尽周折才争取到了时间。在感慨悠闲之余，他不禁回想起半个小时前的紧张争取……

离下班还有10分钟了，沈群面露欣喜，与女朋友共度5周年纪念日，是他一直以来想给女友的惊喜，他约好两人在旋转餐厅见，并当众向她求婚。然而公司QQ消息在此刻响起：今晚约定客户谈项目，主管负责留下接待客人。

"项目可以饭后选很多时间谈，纪念日却只有这一天。"沈群低声告诉自己。重情义的他当然不希望跟女朋友错过今天的日子，他不愿意爽约，又不想得罪领导。思虑再三，他认为平素和领导关系不错，私交也不错，便决定以平时聊天的语气恳请领导放行。

"领导大人好！冒昧跟您讲个条件，今天是我和女朋友相识5周年纪念日，我早准备好要向她求婚，不想爽约，恳请您开恩放我一条生路。"

不巧领导也很为难："小沈啊，你知道这个客户很难对付，平时根本约不到她，这是今天有时间，赶巧了，你看……"

知道情况紧迫，沈群很为难，这时，女友的电话响起，语气里充满欣喜地问他是否快要赶到约会地点了。

挂了电话，他决定在与领导的沟通上做最后努力，成败在此一举：您或许听过这么一个故事，古时有一个御厨可以做天下美味之餐，皇帝非常喜欢他，有一次不经意夸他做得好吃，说："你为我做的美食，天下恐怕除了人肉再没有更新鲜的了吧。"第二天厨师端给皇帝一碗用自己小儿子做的肉羹，有人劝皇帝提防御厨是个残暴之人，虎毒不食子，厨师的野心其实很大。皇帝却以为这是忠心，对其大加封赏。果不其然，数年之后，御厨杀了皇帝，篡夺了皇位，不过很快被人们推翻了统治。我讲这个故事，希望领导理解我的请求。如果我今天为了工作而辜负了我的女朋友，要是哪一天有人给了我更大的利益，我就有可能会做出背叛您的举动了。我相信您也希望您的下属忠诚于您吧。所以，希望您能理解。另外，我在这周一定会约个时间与张客户好好交流，绝不会给公司造成损失。

看着QQ上长长的消息发送，沈群的心开始平静下来了，他相信领导会理解这番话的含义。过了一会儿，领导的消息回复过来了：你不用加班了，去陪你女朋友吧！祝你成功！

将戒指环戴入女友无名指的那一刻，看着她幸福的笑脸，沈群庆幸自己恰当地拒绝了领导安排的加班……

上例中，正是由于沈群晓之以理、动之以情的"说服"，才为自己的不加班赢得了真正的开脱，这不失为一种智慧的手段。而且，他的巧妙之处是在最后向领导保证了即使不加班也会完成任务,这种变通为拒绝加班的成功说服增添了获胜的砝码。

在"适者生存"的职场理念的指导下,许多人为了赢得事业上的成功,即使是领导随意要求加班,迫于生计压力,也只是敢怒不敢言。他们既放弃了对亲情、友情、爱情的呵护、培养,也在不经意间忽视了自身的健康,细想起来,多么得不偿失。

第四章

为什么你说了不算

切忌口是心非,让别人觉得你不真诚

今天,人们有一种普遍的心理:不信任。造成这种心理的原因之一大概是生活中"口是心非"的人太多了。"口是心非",毫无疑问,就是表面上说得天花乱坠,而内心则全非如此;表面上对你百依百顺,而实际上则是我行我素;嘴里说着对你的赞誉之词,而内心则是诅咒你不得好死……试想一下,如果长期生活在这些人当中,吃过几次亏之后,不论是谁都会增强戒备之心,对他的话加上几个问号。但是话又说回来,如果每个人都变成了这样,都像戴着一副面具(而且是慈善面具),那生活还有什么意思呢?人与人之间的真诚、友爱都到哪里去找呢?所以说,我们每一个人,特别是年轻人,都要努力去扭转这个局面,要学会真诚,切不可做口是心非的人。

口是心非,对别人不真诚,会使你失去许多宝贵的东西。就像上面说的,你的嘴不对着心,表里不一,对别人

人前一面，人后一面。反过来，别人对你也会如此，仔细想一想，这样的生活你还会觉得有意思吗？假如每天都要去琢磨别人讲的每一句话，哪句话是真的，哪句话是假的，时间会在你的眼前无声无息地流逝掉。生活中其他的事你就会无暇顾及。

口是心非的人最善于钩心斗角。因为他每天都在考虑如何应付别人，如何算计别人。与这种人为伍是非常危险的。因为你不知道他心里到底是怎么想的。在文学史上，《伪君子》中的答丢夫是口是心非的最典型的代表，他已成为"伪善、故作虔诚的奸徒"的代名词。他表面上是上帝的使者、虔诚的教徒，而实际上则是个色鬼、贪财者；他表面上对奥尔贡一家恭维，而实际上则用最卑鄙的手段去谋害这一家人。可以说他是个表面上好话说尽实际上则是坏事做绝的最无耻、最卑鄙的小人。但是他最终的结局呢？他的这一套无耻的手段最终还是被人识破了，西洋镜最终被人揭穿，答丢夫成了万人唾弃的小人。他整天苦心于算计别人，最终却把自己推进了万丈深渊。

口是心非与虚伪可以说是等同语。因为口是心非的人为了掩饰自己内心的想法，必然要用谎言去应付别人。谎言说多了，被别人识破时，他也就成了一个虚伪的人。我想，只要有点自尊心的人是不愿被别人称为"伪"人的。一旦在别人的心目中是个虚伪的人，那你的生活将会很痛苦，到处是不信任的眼光，到处是不信任的口吻，转过身来人们对你应付一下，转过身去你将成为众矢之的，那滋味真是难受极了。

作伪或说谎，即使它可能在某些场合发挥作用，但总之，其罪恶是远远超过其益处的。因为经常作伪者绝不是高尚的人，而是邪恶的人。当然，一个人不可能一下子就变坏。一个人起初也许只是为了掩饰事情的某一点而做一点伪事，但后来他就不得不做更多的伪事，说更多的谎话，以便于掩饰与那一点相关联的一切。总结起来，做伪事说谎话，口是心非大概出于以下几种目的：其一是为了迷惑对手，使对方对自己不加防备，以便达到自己的目的；其二是为了给自己留一条退路，这也是为了保全自己，以便再战；其三，则是以谎言为诱饵，探悉对手的意图，这种人是最危险的。

　　因此说，做人就要做个真诚的人，要言行一致。"口言之，身必行之。"墨子这句话是很对的。对待别人要诚实，不要两面三刀。林肯讲过："你能在所有的时候欺骗某些人，也能在某些时候欺骗所有的人，但你不能在所有的时候欺骗所有的人。"是的，在算计别人中度过一生，是不可能的，即使可能很累、很痛苦。坦诚地做人，用一颗真诚的心去对待别人，千万不要做口是心非的小人。

　　西班牙有句谚语：说一个假的意向，以便了解一个真情。也许，这些目的有的可能不能算作太恶。但作为口是心非者，其说谎或作伪的害处却是很大的。首先，说谎者永远是紧张的，因为他不得不随时提防被揭露，就像一只伪装成人的猴子一样，他要时刻防备被人抓住尾巴；其次，口是心非者最容易失去合作者，因为他对别人不信任、不真诚，别人也就以其人之道还治其人之身；最后，也就是最重要的一点是口是心非者终将失去人格——毁掉他人对他的信任。

说话不能无礼，否则会使人厌烦

有些人喜欢翻来覆去地述说一件已经说过几次的事情，也有些人会把一个土得掉渣的笑话当成新鲜的笑料。作为一位听众，此时，就要练一练忍耐的美德了。唯一能做的就是耐心倾听，在心中想想他的记忆力不好，并真正同情他，而且他说话时充满诚意，你就用同样的诚意去接受他的善意。但如果说话的人滔滔不绝而你又毫无兴趣，那么就要想办法制止他继续讲下去，最好的方法是不动声色地将话题引向对方在行而自己又感兴趣的内容。在交谈当中，有些小的细节也许我们并没有十分注意，但却会被他人视作无礼的表现。

在说话时，别人最怕不诚恳、不老实的人。而一般人在交际时常常喜欢胡乱恭维。

在说话时，别人最讨厌自高自大、唯我独尊的人。而有的人却自以为别人都会敬佩自己，反而因此受到了别人的鄙视。

在说话时，别人最怕对什么都无动于衷的人，所以和别人谈话时要有所反应：时不时点头微笑；时不时对别人的观点表示赞同；时不时提出自己的意见；听到别人迸发出的妙语警句时，不妨大大赞赏一番。

既要善于聆听对方的意见，也要适时发表个人意见。一般不提与话题无关的事；更不要左顾右盼、心不在焉；也不要漫不经心地看手表、伸懒腰、玩东西等。

在社交场合或与外宾谈话时，"见了男士不问钱，见了女士不问身"。不要径直询问对方履历、工资收入、家庭财产、衣饰价格等私人生活方面的问题。与女士谈话时不要说她长得胖、身体壮等，对方不愿回答的问题就不要追问，也不要刨根问底。不慎谈到对方反感的问题时，应及时表示歉意，或立即转移话题。

与人交谈时要竭力忘记自己，不要老是没完没了地谈个人生活、自己的孩子、自己的事业。你要在交谈中给对方发表意见的机会，可以尽量去逗引别人说他自己的事情，同时，你以充满同情和热诚的心去听他的叙述，一定会让对方高兴，给对方留下最佳的印象。

另外，说话时，一定要注意用词，切忌尖刻难听。

说话尖刻的人，未尝不知其伤人，而仍以伤人为快，这完全是一种病态的心理。之所以这样，也自有其根源，换句话说，就是环境带他走入歧途。第一，这种人有些小聪明，且颇以聪明自负，而一般人却不承认他聪明，因此他有怀才不遇之感。第二，这种人富有强烈的自尊心，希望别人都尊重他，偏偏没有这回事，因此他仇视任何人。第三，仇视的心理一直郁积在心中，始终找不到释放的机会，他又不会提高自身修养，于是只有四处寻找发泄的对象。因为刺激的方面太多，每个与他接触的人都成为发泄的对象。他认为人们都是可恶的，不问有无旧恨、有无新仇,都伺隙而动、滥放冷箭。

这种人只会失败,不会成功,在家里,即使父兄妻子等亲人也不会和他关系融洽;在社会上,别人则也会以言语或行动来回击他,最终他将成为众矢之的。所以说,说话尖刻足以伤人情,而最终是伤自己。

不在语言上彰显自己的优势

在社交场合,无论你自己的知识多么丰富,也不要借此来压倒别人,使人难堪。在别人愿意听你的意见的时候,你可以把你所知道的都讲出来,给别人作为参考。同时,还要声明你所知道的是极有限的,如果有错误,希望大家不客气地加以指正。

在听到自己不以为然的意见的时候,应不应该反驳呢?这要分几种情形来决定。

(1) 如果在座的人,大家都很熟悉,而且经常喜欢在一起讨论问题的,那么就应该根据自己所知,讲出自己认为正确的道理,将事实照实地讲出来,给大家做一个参考。否则就会失去互相讨论的意义,而且也就犯了对朋友不忠实的毛病,会被人家称作"滑头"。不过在态度上应该谦虚,不要因为自己知识丰富,就显示出自命不凡、自高自大的神气来。

(2) 如果在座的人,大家都是初识,你对他们的脾气、身世、人格、作风都不大清楚的时候,那么对于那些你不同意的意见就最好不要反驳，也不必随声附和，冒充知音。如果别人问到你时，你可以推说："这几点，我还没有好好想过。"你也可以这样说："某人的话，也有他的道理，不过，仁者见仁，智者见智，不能一概而论。"在比较陌生的场合，这不能够称作"滑头"，但如果自己明明不同意的意见，也点头称是，大加赞许，那才是真的"滑头"，虽然能够骗得那个发表意见的人一时的高兴，但却被那些冷眼旁观的人所不齿，失掉他们对你的信任。

（3）如果有人在大庭广众之下，发表荒谬至极的意见，或散布对大家有害的谣言，那么就应该提出反驳。但是，在这种场合中，就多少需要一点说话的技巧，一方面一针见血地揭露出对方的错误，一方面又能够轻松幽默地争取到大家的认同。切忌感情用事、口齿不清，这样不但把气氛弄得过于紧张，而且不能让人明白你的意见。这种时候，就需要考虑得十分周到。

（4）倘若自己也熟悉的朋友，在社交场合说了一些不得体的话，或是发表了很不正确的意见，那么，就要设法替他"解围"。那就是想出一些表面上和他不冲突的话，实际上替他补充，叫别人觉得他的意见并非完全错，只是有点偏差，或是他的本意并非如此，只是措辞上有一点不妥而已。但事后，却应当单独地向他解释，指出他的错误。

总之，大家见了面，总不免要说话，也就不免会听到自己不同意、不满意的话。对于这些话，要采取什么态度，应该根据当时当地的具体情形，好好地加以考虑。

当你想说服某人接受你的观点时，即使你心里清楚你占有优势，也不能过度地在语言上彰显。要先让对方开口说话，当对方说话时，就会不可避免地暴露出自己的弱点，这时你就可以用这些弱点攻击他的谬误，但是否要这样做应该视情况而定，不可一概而论。

信守承诺，才能将说服贯彻到底

有句古训说，"一诺千金"。信守承诺，不管是在古时，还是在当今，都是一种很被看重的美德。如果说外在的形象、实际的才干是一个人的有形招牌，那么守信重诺，就是一个人最为重要的无形招牌之一。要树起这块招牌并不容易，它需要我们日复一日、一件事一件事地去积累，长时间地坚持，才能建立起个人的信誉度。这个信誉度，只要立起来了，就足以成为一个人的立身之本，大家都知道你是一个有诺必践的人，那么，自然会相信你、信任你、支持你、拥护你，你说的话，大家都愿意听从，你做的事，大家都愿意追随，这样就构成了一种强大的影响力与号召力。

反观之，一个不重信义的人，即使他能力再强，表面的形象再光鲜，也只能在短时间内骗住一部分人，却很难长久地凝聚起大多数人的人心。信誉的招牌比水晶更易碎，一次失信，就可能让人信誉扫地，名声败坏，要想再立起这块招牌来可以说比登天都难。

可以说做一个信守承诺的人，就能将对他人的说服贯彻下去，得到他人的拥护。日本麦当劳在藤田田手中发展为3000多家店，30多亿美元的规模，其起点就在于一个"信"字的说服影响力。

提到麦当劳，估计"地球人都知道"，而说起日本麦当劳，则不得不提一个人，他就是日本麦当劳事业的开创者和经营者——藤田田。

在1971年，藤田田还只是一个刚出校门几年、毫无家族资本支持的打工一族，他看好美国连锁速食文化在日本的巨大发展潜力，决意要不惜一切代价在日本创立麦当劳事业，可是他手头只有不到5万美元存款，根本就无法具备麦当劳总部要求的75万美元现款和一家中等规模以上银行信用支持的苛刻条件。东挪西借之后，他也只借到4万美元，面对巨大的资金落差，他决定向银行申请贷款。

他走进了住友银行总裁的办公室，以极其诚恳的态度，向对方表明了他的创业计划和求助心愿，但他的背景和财力明摆在那，银行总裁想都没细想就拒绝了他。藤田田没有气馁，他恳切地对总裁说："先生，可否让我告诉你我那5万美元存款的来历呢？"总裁点头示意他继续说。藤田田说道："6年里，我向自己许诺，每月坚持存下1/3的工资和奖金，雷打不动。6年里，无数次面对过度紧张或手痒难耐的尴尬局面，我都咬紧牙关，克制欲望，硬挺了过来。有时候，碰到意外事故需要额外用钱，我也照存不误，甚至不惜厚着脸皮四处借钱，以增加存款。我必须这样做，因为在跨出大学门槛的那一天我就立志，要以10年为期，存够10万美元，然后自创事业，出人头地。现在机会来了，我必须要提早开创事业……"藤田田一口气讲了10分钟，总裁越听越认真，并向藤田田问明了他存钱的那家银行的地址，然后对藤田田说："好吧，年轻人，我下午就会给你答复。"

　　送走藤田田后，总裁立即驱车前往那家银行，亲自了解藤田田的存钱情况。柜台小姐了解总裁来意后，说："藤田田先生是我接触过的最有毅力、最有礼貌的年轻人。6年来，他真正做到了风雨无阻地准时来我这里存钱。我很佩服他。"听完柜台小姐的介绍后，总裁大为动容，立即拨通了藤田田家的电话，告诉他住友银行可以毫无条件地支持他创建麦当劳事业。这位总裁认为，一个能对自己向许下的承诺负责的人，必然能够担得起对别人的承诺，把资金投给这样的人，绝对不会打水漂。

　　这位总裁看人的眼光一点都没错，藤田田在后来的创业与经营中，一直很重承诺，比方说，有一次，他接受了美国一家大公司订制餐具刀叉300万套的合同，约定交货地点在芝加哥。藤田田组织了几家工厂生产这批刀叉，但这些工厂一再误工，在交货期前四天才完工，若按常规走海运到芝加哥，路途遥远，到期肯定交不了货。藤田田思量再三，毅然租用了航空公司的波音飞机进行空运，花费了高达30万美元的空运费，终于按期将货运抵芝加哥。这笔生意使他损失巨大，可是却赢得了美国那家公司的信任与敬佩，后来，那家公司这一类的订单几乎全部交给了藤田田的日本麦当劳株式会社。藤田田以信守承诺赢得了丰厚回报。

藤田田没有背景，没有财力，缺乏可靠的担保，可是他却以自己6年的信守坚持换来了银行的支持。其中的原因就在于藤田田信守承诺的品格给银行总裁洗了脑，他用自己的守信告诉人们他是值得别人相信的。

人无信不立，良好的信誉能给自己的生活和事业带来意想不到的好处。诚实、守信是形成强大亲和力的基础——诚实守信会使他人产生与你交往的愿望，在某种程度上，会消除不利因素带来的障碍，使困境变为坦途。从说服术的角度来说，任何人都不可能让所有的人都喜欢自己，要说服那些不喜欢自己的人就要靠诚信，没有人会拒绝一个诚实守信的人，我们都明白只有值得信赖的人才能成为最好的合作伙伴。

对他人说服并赢得众人信任与信赖的核心就是信守承诺。一个人要想影响众多人，除了必须具备能力、眼光，还有更重要的一点，就是他应该值得众人信赖，他应该是一个可靠之人。

第五章

管好嘴巴比什么都重要

清楚自己的目的和底线

所谓知己知彼才能百战百胜，知己是基础，即首先得读懂自己。要想成为赢家就要搞清楚自己的目的是什么，自己的底线在哪里。"我在想什么？我需要怎么去做？"通过内向的读心、分析和判断，给自己的需求一个合适的定位，然后很好地把控自身情绪，融入周围的环境。

一位计算机博士学成后开始找工作，因为有个吓人的博士头衔，一般的用人单位"不敢"录用他，而经验的缺乏又让很多知名企业对他抱有怀疑。在整个不景气的就业形势下，他发现自己的"高学历"竟然成了累赘。思索再三，他决定收起所有的学位证明，以一种最低的身份进入职场，去获取自己目前最需要的财富——经验。

不久，他就被一家公司录用为程序输入员，这种初级工作对于拥有博士学位的他来说简直是种"侮辱"，然而他并没有敷衍了事，反倒仔仔细细、一丝不苟地工作起来。一次，他指出了程序中的一个重大错误，为公司挽回了损失，老板对他进行了特别嘉奖，这时，他拿出了自己的学士证，于是，他得到了一个与大学毕业生相称的工作。

这对他是个很大的鼓励，他更加用心地工作，不久便出色地完成了几个项目，在老板欣赏的目光中，他又拿出了自己的硕士证书，为自己赢得了又一次提升的机会。

爱才惜才的老板对他产生了浓厚的兴趣，开始悉心地观察他，注意他的成长。当他又一次提出一些改善公司经营状况的建议时，老板和他进行了一次私人谈话。看着他的博士证书，老板笑了。他终于得到了理想中的那个职位，尽管有些曲折，但他却觉得从最低处开始努力的整个过程很有意义。

这个博士十分清楚自己找工作的目的，所以他适时地采取了以退为进、曲线救国的方法，最终实现了他的职业目标。他对自己所处环境的判断、对自身优劣势的分析，是非常正确的，并且在充分思考的基础上，做出了正确选择——先将自己放在一个极低的水平线上，然后踏踏实实地奋斗，为自己积蓄内在资本。如果不是清楚自己的目标和底线的话，这个博士就不可能说服自己如此放低姿态，正是因为他读懂了自己，知道自己想要的是什么，他才能说服自己从"低"处开始，在平凡的岗位上放出光彩，被慧眼识英的老板委以重用。在目标不可能一蹴而就的时候,他选择了暂时的"退",为自己赢得了事业起步的机会。

一个人只有审时度势,才能明确自己的处境,知道自己的底线在哪里,从而才能在无处不说服的社会中进退有节、挥洒自如,才能在激烈的社会竞争中立于不败之地。生活的智者们不会在形势不利于自己的时候去硬拼硬打,那样,有可能是以卵击石,自寻死路;也有可能是两败俱伤,损伤惨重。在这种时候,他们往往会退而求其次,在守住底线的情况下采取措施,对对方进行说服,以求打破僵局,为自己积蓄力量、赢得机会,从而达成目标。

美国有一家公司专门经销煤油及煤油炉。创立伊始,大量刊登广告,极力宣扬煤油炉的诸多好处,但收获甚微,其产品几乎无人问津,货物大量积压,公司濒临绝境。有一天,老板突然灵机一动,招来手下员工,让他们登门向住户无偿赠送煤油炉。员工们大惑不解,还以为老板愁疯了,看着老板那诡秘的神情,只得依命而行。

住户们得到无偿赠送的煤油炉,真是大喜过望,岂有拒收之理?知道消息的另外一些人也争着给公司打电话,索要煤油炉,不久公司的煤油炉就被赠送一空。

当时炉具还没有现代化,什么煤气、电饭锅、微波炉都没有,人们做饭就只能用木柴和煤。这时,煤油炉的优越性明显地显现出来了,家庭主妇们简直一天也离不开它了。很快她们便发现煤油烧完了,只能自己到市场上去买,公司此时可是一毛不拔。当时煤油价格并不低,但已

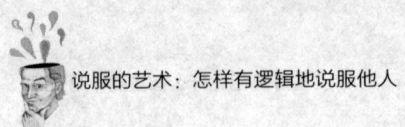

离不开煤油炉的人们也只得掏腰包了。再后来,煤油炉也渐渐用旧了,于是只好买新的。如此循环往复,这家公司的煤油和煤油炉便畅销不衰了。

毫无疑问,这个老板具有读懂环境趋势和自己公司底线的眼光和谋略。一方面,他能预料到消费者使用煤油炉做饭是一种发展趋势;另一方面,在公司经营已经濒临绝境的情况下,他依然能够做出免费赠送煤油炉的正确决策,从而使公司起死回生,创造佳绩。而他的正确决策,无不是建立在对自己的目的和底线充分分析的基础之上——他的目的就是转变公司经营的困局,成功将煤油炉和煤油推销出去;而他的底线,就是保证公司不关门,只要公司不关门,任何能够转变公司经营状况的措施,都是可以接受的。所以,他采取了免费赠送煤油炉这一釜底抽薪的策略,不成功便成仁。结果,他的这一策略十分奏效,对当时的家庭主妇成功进行了"说服",让她们适应了使用方便快捷的煤油炉,从而再也离不开煤油和煤油炉了,最终为他的公司赢得了市场,挽回了颓势。

在日常生活中,不是人人都面临像那个老板那样的严重困境,也不是人人都会有那个老板那样的胆量和魄力。但是,我们要学会的,是在面对各种情况时,对自己的目的和底线能够有一个清晰的认识和分析。

真正的赢家总能分清不同的场合,进而采取不同的说服方法。当自己处于不利地位时,在守住底线的前提下,采取以退为进的方针,才能避免简单冒进的失败,保存自己的实力，将对方说服，等到有朝一日时机成熟时，再表明自己的主张和态度，这时候，他们就是真正的强者。

怎么讲比讲什么更重要

要想成功地说服一个人就要掌握一定的语言技巧。尽管在说服他人时，说话的内容很重要，但是，一个人对你说的话能听进去多少，你对他人的说服程度如何，很大程度上是由你的语言表达方式决定的。用不同的说话方式，可以决定我们能否把该强调的重点充分地表达出来。因此，必须承认，在对他人进行说服的时候注意自己的说服方式，并非浪费时间的事情。在对他人进行说服的时候，掌握正确的说服方式，能使我们判断出自己的想法是否合乎情理；同时也能让对方对我们有一个正确的评价，进而接受我们的观点或意见。

在工作中，领导希望下属能尽快完成某项任务，直接的命令甚至责难很难调动下属的积极性。只有采用正确的说服方式，才能让下属积极地提高自己的工作效率，取得想要的说服效果。例如：

有一个杂志社，没剩几天就要批量印刷最新一期的杂志了，可是有一个编辑到现在还没有将稿件交上来。为了能尽快完成工作任务，主编决定让这个编辑加快速度。

主编将编辑叫来问道："马上就要印刷出版了，你能

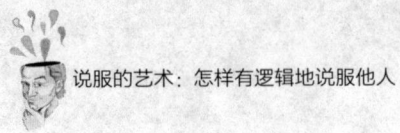

不能快点将稿件交上来?"

编辑说:"我正在赶稿,明天肯定交。"

主编听了心里很生气,说道:"这马上就要拿去印刷了,你能不能快点完稿啊。就是因为你的稿件没交,其他人到现在都不能排版,你知道你一个人给社里带来多大麻烦吗?赶快回去赶稿,马上交上来!"

听了主编的话,编辑的心里十分不好受,他是因为最近身体不适写不了稿所以只好晚交,可是主编没有了解情况就这样说,让他觉得很委屈。当晚编辑彻夜难眠,写稿也写不进去,第二天就申请辞职了。

而在另外一家杂志社,主编遇到了同样的情况,但他说服的方式却完全不同。

这家杂志社的主编对编辑说:"我想你迟迟不交稿件一定是为了精益求精吧,不过咱们杂志社还没到那个水平,不用要求那么完美,我们还是该什么时候交就什么时候交,也要照顾到其他同事排版的工作嘛。其他同事的抱怨我都给你安抚下了,我知道你是为了写出更好的作品,不过其他同事的情绪也是要体谅的。快回去赶稿吧,尽快完成。"

在这家杂志社的编辑听到主编这一番话不但感激涕零,还觉得自惭形秽,当天下午就把稿件赶出来交了。

很多时候我们会发现,同样的话在有些人口中说出来,我们听了就难受、就气愤;而同样的内容被另外一些人说出来,我们就容易接受。这就是说服方式不同的结果。懂得说服技巧的人明白，粗暴的、强硬式的说服方式产生的效果远不如婉转的、温和的说服方式产生的效果有效。因此我们在说服他人的时候，一定要因时因地因人而异，选择合适的说服方式，只有这样才能让对方心服口服地接受你说的话。选择正确的表达方式的重要性由此可见一斑。

换一种说法会让说服者减轻心理负担，既可以减少对对方的批评又能保住对方的颜面。这说明，只有将话用正确的表达方式表达出来对方才更容易接受。

楚国的艺人优孟，特别爱好辩论，经常用风趣幽默的言论进行委婉的劝说。楚庄王有一匹特别喜欢的马，喜欢到给马穿华丽的衣服，住豪华的房子，甚至用挂着帷帐的床给马做卧席，给马吃的都是蜜渍的枣干。最后马因为太过肥胖而病死了，可是楚庄王居然让臣子们按着安葬大夫的礼仪来安葬马，给马用棺椁殡殓。所有大臣都劝阻，觉得这样做不合适。但是爱马深切的庄王听不进劝阻，下令说："再有谁对葬马的事情有何异议，立即处死。"

优孟听说了这件事情以后，走进宫门就开始仰天大哭。庄王不解，问他为何哭。优孟回答："这马是大王最最心爱的马，泱泱大国，岂可只是按照葬大夫的礼仪将马安葬呢？如果当真这样，马也无法安息，我想请求大王批准用安葬国君的礼仪将马安葬？"庄王问："如何个葬法呢？"

优孟说："就用雕花美玉做的棺材给马用，用美丽的

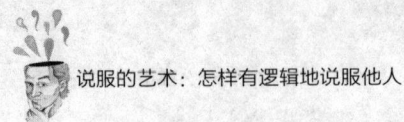
说服的艺术：怎样有逻辑地说服他人

梓木做外椁，用各种最上等的木材做护棺，让所有的士兵给马挖墓穴，让老弱病残的人给马背土添坟，让齐、赵两国的代表在前面陪祭，让韩、魏两国的代表在后面守卫，再给马盖一所气宇非凡的庙宇并用牛羊祭祀它，还有就是拨个万户的大县供奉。想必其他国家听说这件事情之后，就对大王对人和对马的态度有深入了解了。"庄王说："竟不想我居然会错到这个地步？那眼下该如何是好？"

优孟说："那就让我替大王来安葬它吧，和其他六畜的安葬方法一样：外椁就用土灶堆砌，棺材就用铜锅代替，加上姜枣、木兰，祭品用稻米，把火光作为衣服，将它安葬在人们的肚肠里岂不是更好？"当时庄王就下令让太官去办理此事，并且不许张扬。

优孟本意是要劝谏的，但是庄王已然不许劝阻，直接说不但会惹怒庄王，也许会给自己带来麻烦。所以这个时候的优孟就很聪明地想到怎么说这个问题，它通过"以谬制谬"的办法，表面看起来是心疼马，觉得按庄王的办法委屈马，要求给马更高的安葬礼仪，其实是从反面提醒庄王，庄王的做法太过了，优孟说完之后，幡然醒悟的庄王立刻认同了优孟，优孟成功地说服了庄王。

注重语言的表达方式是用话术实现说服术的关键，只有用对了讲话的方式才能让对方更容易接受你所说的话，只有你所说的话被认同了，你对他人的说服才能顺利进行下去。其实事情是不会改变的，还是同样一件事情，变得只是讲话的方法而已。

见什么人说什么话

话总是说给别人听的,至于说得好不好,是否有说服力,能否说服他人,不仅要看话语能否适当地表达自己的思想感情,也要看别人能不能理解并乐于接受。如果你说的话别人听不懂,或者根本让人提不起兴趣,那么这样的说服还有什么意义呢?因此在对他人进行说服的时候,要关注你的说服对象,尽量使用对方会认同的语言,谈论对方熟悉和关心的话题,并且视具体情况灵活应变,以便在迎合对方心理的同时,赢得对方的好感。换句话说,在对他人说服的时候要时刻关注说话的对象,要做到见什么人说什么话。

《三国演义》中有这样一个例子:

马超率兵攻打葭萌关的时候,诸葛亮对刘备说:"只有张飞、赵云二位将军,方可对敌马超。"

这时,张飞听说马超前来攻关,主动请求出战。

诸葛亮佯装没听见,对刘备说:"马超智勇双全,无人可敌,除非往荆州唤云长来,方能对敌。"

张飞说:"军师为什么小瞧我?我曾单独抗拒曹操百万大军,难道还怕马超这个匹夫?"

诸葛亮说:"你在当阳拒水桥,是因为曹操不知道虚

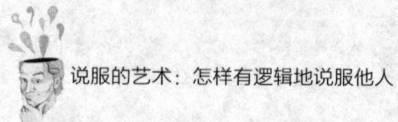
说服的艺术：怎样有逻辑地说服他人

实，若知虚实，你怎能安然无事？马超英勇无比，天下的人都知道，他与曹操战于渭桥，交战6次，把曹操杀得割须弃袍，差一点丧命，绝非等闲之辈，就是云长来也未必能战胜他。"

张飞说："我今天就去，如战胜不了马超，甘当军令！"

诸葛亮看"激将法"起了作用，便顺水推舟地说："既然你肯立军令状，便可以为先锋！"

在《三国演义》中，诸葛亮针对张飞脾气暴躁的性格，常常采用"激将法"来说服他。每当遇到重要战事，先说他担当不了此任，或说怕他贪杯以至于酒后误事，激他立下军令状，增强他的责任感和紧迫感，激发他的斗志和勇气，消除张飞轻敌的思想。

中国有句谚语，"到什么山上唱什么歌，见什么人说什么话"。说话不看对象，常常让别人无法理解自己的本意，从而在无形之中拉开了与别人的距离。反之，了解了对方的情况，并依据其实际情况，寻找与之相适应的话题和谈话内容，对方就会觉得谈话比较投机，彼此在距离上也显得比较亲切，从而对方会觉得你是一个极具亲和力的人，愿意与你相处。

1. 看对方的身份地位说话

几乎没有一个人在说话的时候不需要考虑到彼此的身份。不分对象，不看对方身份，都用一样的口气说话，是幼稚无知的表现。下级对上级、晚辈对长辈、学生对老师、普通人对于有名气、有地位的人等，不必表现得屈从、奉迎，但在言谈举止上则不要过于随便，有必要表现得更加尊重一些。在不是十分严肃隆重的场合，身份较高的人对身份较低的人说话越随和风趣越好，而身份较低的人对身份较高的人说话则不宜太过随便，尤其在公众场合，说话要恰如其分地把握好自己与听者的身份差别。

2.针对对方的性格特点说话

和人交谈要看对方的身份、地位，还要看对方的性格特点，针对他们不同的性格特点，采取不同的说话方式，这样才有利于解决问题。

中国春秋时期的纵横家鬼谷子先生指出："与智者言依于博，与博者言依于辨，与辨者言依于要，与贵者言依于势，与富者言依于高，与贫者言依于利，与贱者言依与谦，与勇者言依于敢，与愚者言依于锐。"意思是说：和聪明的人说话，须凭借渊博的知识；与知识渊博的人说话，须凭借辨析能力；与善于辨析事理的人说话，要抓住要领、言简意赅；与地位高的人说话，要围绕权势来进行；与有钱的人说话，要对他持尊重的态度；与穷人说话，要动之以利；与地位低的人说话，要谦逊有礼；与勇敢的人说话，要围绕勇敢果敢来进行；与愚笨的人说话，要着眼于细微之处，作答时用对方容易理解的语言。

每个年龄段、每个职业、每个社会地位的人，他们的语言都是有差别的。老舍说过："话是表现感情与传达思想的，所以大学教授的话与洋车夫人的话不一样。"由此可以看出大家日常说话有差别，如果你在他们面前不用他们的语言，不用适合自己身份的话交流，就会在无形中大

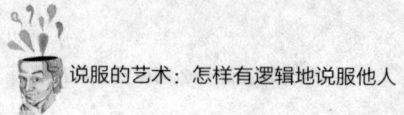

大增加彼此间的心理距离，或者惹来人家不高兴，不利于双方展开交流。所以，遇到不同的人要说不同的话，"到什么山上唱什么歌"，才能真正引来对方的好感。

不需要过于诚实地去回答

当别人问你问题的时候，你明明知道诚实回答会让对方伤心，或者诚实回答会让你难堪，你还会过于诚实地去回答吗？其实，这个时候更多的人会去选择不过于诚实地去回答。必要的"不诚实"回答会让对方开心，这样有助于你顺利实现自己的说服目的。

不要过于诚实地去回答一些问题，并不是说鼓励人们去撒谎，而是说必要时刻可以不那么诚实，这并非是一种恶举，而是一种友善之举，是一种关心行为。出于善良动机的不诚实回答，是以维护他人利益为目的的，对他人好，让他人心情愉快，他人自然会认同你的观点。例如，婚姻中男人和女人之间最需要的是诚实，但是并非所有的诚实回答都有利于维系良好的婚姻关系。很多时候过分的诚实回答，只会引起夫妻之间的战争，让原本很小的事情越闹越大。相反，偶尔的"不诚实回答"，也许能给爱人善意的说服，让对方心情愉快，从而让彼此的婚姻关系更加稳固，换来一世安稳。

有这样一对夫妻，女人总是喜欢问男人问题。女人问男人："你在想什么啊？"男人回答："亲爱的，我知道我不该保持沉默的，可是我刚才在想上天让我娶到你这么可爱、善良的女人，我是何等幸运啊！"很明显，男人想的事情和这些无关，但是如果他过于诚实地回答，后果可想而知，现在这种回答让女人心里很开心，成功对女人进行了说服。

女人又问："你觉得我胖吗？"男人说："不，当然不胖。"其实女人是有些微胖的，可是她很在乎，因此就算男人说你胖点会比较好看或者说我也胖了啊，女人仍然会因为自己胖，而不开心。男人不过于诚实地回答，会让女人心里舒服一些。

女人继续问男人："倘若我死了，你会怎样？"男人回答说："亲爱的，如果你不在了，生命对我来说已经没有什么意义了，当第一辆垃圾车向我开来时我会撞上去。"

故事中的男人当真会去自杀吗？这是不一定的，但是如果男人过于诚实地去回答，肯定会让女人不高兴，故事中男人那样回答，女人会感到很欣慰，让两个人之间的关系变得更加和谐。由此可见，生活需要变通，在某些情况下，既然明明知道过于诚实地去回答会让不开心的事情发生，却仍然那么去做，只能说是愚蠢之举。

有时候不诚实能带给生命垂危者一种希望，这种希望是一种信念，很有可能会支撑病危者一路走下去，甚至创造生命的奇迹。这个时候，人们会为了所谓的诚实去让病

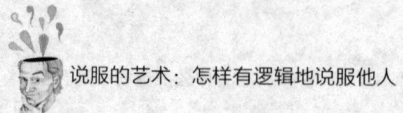
说服的艺术：怎样有逻辑地说服他人

危者失去生的希望吗？我们相信肯定不会。利用不过于诚实的回答，将他们说服，让他们得到健康，是所有人乐于见到的。用不诚实的回答将病重的人说服，能让他得到心灵上的满足，给予他活下去的信心。

曾经有个小女孩得了白血病，当她快要离开人世间的时候，医生询问她有什么未了的心愿吗？她说自己一直想要去天安门看一次升旗仪式，医生和她的父母知道以后，就决定想办法满足她这个心愿。

可是她的家在新疆，离北京太远了，倘若真的让她到北京看升旗，只怕她没有办法承受路途的辛苦。于是他们想到了这样一个办法，开展了一个由2000多名志愿者和医生以及女孩亲朋好友组织的集体"谎言活动"。从最开始上火车到改乘旅游公车，一路走着，从乘务员报站到乘客之间的谈话，都是大家精心策划好的。最后，他们一起来到了一个学校，女孩听到军乐伴奏的国歌声，她问自己的家人真的来到了天安门吗？家人告诉她，是的，她确确实实到达了天安门，听国歌正在响起呢！这个双目失明的女孩心里真的认为自己来到了一直以来渴望已久的天安门，当所有人看到小女孩那样虔诚地举起自己的小手向国旗方向敬礼的时候，当时在场的所有人都哭了。其实所有人都没有过于诚实地回答小女孩的问题，但是却让她临了的心愿得到了满足。

故事中的小女孩虽然被所有的人欺骗了、说服了，但是这种欺骗和说服都是出自善意，正是这种说服让重病的小女孩圆了自己的心愿。如果诚实地回答小女孩的问题，说她的身体受不了舟车劳顿，无法去天安门看升旗，那么小女孩肯定会伤心的，甚至死不瞑目。但是在众多人的帮助下，不过于诚实地去回答小女孩的问题，却让她内心真正得到满足，完结了她未了的心愿，即使利用不过于诚实的回答给她说服，也是无可厚非的，甚至说是很聪明很善良的一种举动。

尽管更多的时候我们受到的教育是做人要诚实，但是很多时候我们也有不诚实的权利，既然每个问题都老老实实回答，有可能会对他人造成伤害或者给自己造成不利的局面，那我们何必要偏执的诚实呢？与其做老老实实且迂腐的实诚人，倒不如做一个生活中真正的智者。适时地运用不诚实的回答，给别人说服，让自己达到想要的目标。让别人更加开心，同时也更加认同你。

用你的"糊涂"实现成功的说服

清代的郑板桥在自己奋斗了一生即将离去之时，留下了"难得糊涂"这一名训，可谓是至理名言。懂得适时"装糊涂"的人，往往才是具有高深智慧的人，所谓"大智若愚"说的就是这种人，他们不是真的傻瓜，而是在装糊涂。凡事如果太认真，就会对什么都看不惯，连一个朋友也容不下，更难以应付复杂的社交场合。只有学会揣着

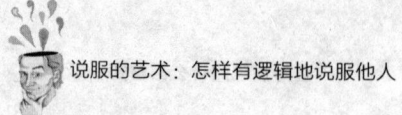

说服的艺术：怎样有逻辑地说服他人

明白装糊涂，才能游刃有余地应对各种难以处理的问题，实现对他人的说服，达到自己的目的。

大智若愚的糊涂是在平凡中表现不平凡，在消极中表现积极，在无备中表现有备，在静中观察动，在暗中分析明，因此它比积极、比有备、比动、比明更具优势，更能让他人喜欢你、信任你、支持你。

阿里巴巴公司成立初期，迫切需要一笔外来投资以提升市场竞争力。一天，正在北京为筹资一事奔忙的马云突然接到一个神秘信息："有人想和你秘密见面，这个人对你一定有用。"马云觉得莫名其妙，但还是准时赴了约。但是这次密谈并非马云所想象的"二人"会谈，而是一次规模比较大的项目评资会。而那个对马云有用的人就是日本软件银行集团董事长孙正义。

那天，在孙正义所约见的人物中，有新浪CEO王志东、搜狐CEO张朝阳、网易CEO丁磊等风云人物，而那时的马云与他们比起来不过是个小角色。由于人太多，孙正义给每个人的时间仅仅是20分钟。马云见状，觉得这是一个筹资的好机会，可是如何才能让孙正义在20分钟内愿意掏出这笔钱呢？马云凝神思考起来。

一段时间后，轮到马云上台，马云只说了6分钟就引起了孙正义的重视。孙正义当即表示了他略显强烈的投资意向，他问："请问你的企业需要多少钱的投资？"

这句话正中马云的下怀。如果换了一般的企业家恐怕早就已经乐得据实回答了，但是马云的回答却出乎所有人的意料。"我并不缺钱。"马云平静地回答道。

"不缺钱,你来找我干什么?"孙正义疑惑地问。

"又不是我要找你,是人家叫我来见你的。"马云鼓足勇气说道。

但就是这样桀骜不驯的回答却深深地吸引了孙正义。加之孙正义已经看过了阿里巴巴的评估报告,立即表示要给阿里巴巴投资3500万美元。

马云心中一阵激动,但他故作平静地说:"我不要那么多,我只要2000万美元。"

孙正义很少看到这种给钱还不要的企业家,因为谁都知道有更多的钱才能办更大的事,所以他立即提出了自己的疑问。

马云说:"2000万美元我能管,过多的钱就失去了价值,对企业是不利的。"

马云是希望得到投资的,却在孙正义提出问题的时候说自己不缺钱,当孙正义决定投资3500万美元的时候,他却只要2000万美元,乍看起来,马云真是个"糊涂人"啊,但事实真是如此吗?其实这正是马云大智若愚的地方,他就是用了这种看似愚笨的方式战胜了其他的竞争者,赢得了孙正义的投资。事后,有人就此事对马云做了如下总结:智高于人,大愚胜大智。

糊涂是一种大智若愚的玄妙人生境界,真正的能者需要的更是一种大智若愚的状态,这样的人也必然会得到下属的尊敬。例如,员工在某一件小事情上做错了,但他并没有犯原则上的问题。大智若愚的领导不会当面劈头盖脸地批评员工，而是选择"糊涂处理"——原谅他，包容他，委婉地指出错误并指导他改正，这样一来不仅给他留了面子，也显示出自己的大将风范。这位犯错的员工也会因感激他而对企业更加忠诚。相反，如果你过分批评和惩罚员工，他们反而会为自己的过失找借口。这告诉我们，一个成功的管理人员应该做到大事认真，小事糊涂，不与下属斤斤计较。

大智若愚的糊涂之人从来不会让人看出他的聪明，或许你会发现这样的人很多时候有点答非所问，这是因为他们明白这样就能避开不想面对的敏感处，取得意想不到的说服效果。装糊涂模糊应对，是一种大智若愚的拒绝态度和情操。恰到好处的"糊涂"，也可以说是洗掉对方的疑心，为自己赢得有利局面的专业说服技巧。

齐国一位名叫隰斯弥的官员，住宅正巧和齐国权贵田常的官邸相邻。田常为人颇具野心，后来欺君叛国，挟持君王，自任宰相执掌大权。隰斯弥虽然怀疑田常居心叵测，不过依然保持常态，丝毫不露声色。

一天，隰斯弥前往田常府第进行礼节性地拜访，以表示敬意。田常依照常礼接待他之后，破例带他到邸中的高楼上观赏风光。隰斯弥站在高楼上向四面眺望，东、西、北三面的景致都能够一览无遗，唯独南面视线被隰斯弥院中的大树所阻碍，于是隰斯弥明白了田常带他上高楼的用意。

隰斯弥回家后立即派人砍掉那棵阻碍视线的大树。然而正当家人砍树的时候，他却又阻止了大家，并道出了其中的奥妙："俗话说，'知渊中鱼者不祥'，意思就是能看透别人的秘密并不是好事。现在田常正在图谋大事，就怕别人看穿他的意图，如果我按照田常的暗示砍掉那棵树，只会让田常感觉我机智过人，对我自身的安危有害而无益。不砍树的话，他顶多对我有些埋怨，嫌我不能善解人意，但还不致招来杀身大祸，所以，我还是装作糊涂，以求保全性命。"

最终的结果正如隰斯弥所想。

为人处世不可"逞能"，须知"聪明反被聪明误"的事例屡见不鲜。很多时候只有装糊涂，明白也当不明白才能更好地生存和应对变化。故事中的隰斯弥在明白田常心思的情况下，依然装糊涂不砍大树，从而化解了田常的疑心，求得自保。装糊涂不是一种厚黑的策略，而是在不伤害别人的前提下更好地保护自己，这是一种生存方法。有时候，装糊涂也是一种大气度，用一种更有远见的大局观来掌控自己的生活和工作。

古语说，"鹰立如睡，虎行似病"。也就是说老鹰站在那里的样子好像睡着了一样，虎走路时的姿态好像生病了一样，正是它们看似平常甚至孱弱的姿态，让它们的猎物放低了防备心，所以它们往往能趁其不备，顺利达到自己的捕获目的。在与人交往的过程中，常常会遇到有人问你很尖锐的问题，其实不管你怎么回答都是不恰当的，此

说服的艺术：怎样有逻辑地说服他人

时就要学会答非所问，揣着明白装糊涂，只有这样，才可能避免让自己陷入尴尬的境地。这时你若锋芒毕露，容易招致他人的嫉恨，更容易树敌，如果你懂得适时装傻，大愚若智地回答，就会降低他人的防备心，反而容易和他人沟通。相同的，如果我们不去计较一些不必要的是非，然后腾出时间和精力，全力以赴去做应该做的事，那么成功就比较容易，而我们也因宽宏大量而被人尊敬，就会有更多的人想和我们交朋友，这不就是"稀里糊涂"换来的成功人生吗？

第六章

妥善化解别人的纠纷

不偏不倚，肯定双方的观点

在别人发生矛盾和争论的时候，夹在中间的滋味是比较尴尬的。作为争论的局外人，我们应当善于打圆场，让矛盾及时得到化解。但是在打圆场的时候，一定要注意一个问题，就是要不偏不倚，让双方都认为你是公正的，都表示满意。否则，只能是火上浇油，还不如不说。

一名中年男子在一个生意红火的面摊前等了半天才有了位置，要了一份自己常吃的面。一会儿面端了上来，男子伸嘴想先尝一口汤。可能汤的味道刺激了他的呼吸道，随着"阿嚏"一声，他的体液就着面汤喷在了对面一位顾客的身上和面碗里。那位顾客愣了一下才反应过来，猛地站起来吼道："你怎么乱打喷嚏！"

中年男子也被自己的不雅之举惊呆了，赔礼道歉后才缓过神来，对老板脱口而出一个建议："我告诉你不要辣椒的,你的面里怎么会有辣椒的味道?你赔我的面钱,我赔人家的面钱。"老板问伙计里面有没有放辣椒,伙计也很委屈,他明明没有放辣椒的。

结果顾客、老板还有围观群众七嘴八舌,说得不可开交。最后老板感觉这样下去不是个事,就主动打圆场,对着厨房大手一挥,说:"算啦,再下两碗面,钞票全免了,只要大家不翻脸,和气生财嘛!"

两位顾客这才平静下来,都表示可以接受。从此他们和老板成了好朋友。

可见,适时地去打圆场,作用真是非同一般。

清末的陈树屏口才极好,善解纷争。他在江夏当知县时,正值张之洞在湖北任督抚,谭继洵任抚军,张谭两人素来不和。一天,陈树屏宴请张之洞、谭继洵等人。当座中谈到长江江面宽窄时,谭继洵说江面宽是五里三分,张之洞却说江面宽是七里三分。双方争得面红耳赤,本来轻松的宴会气氛一下子变得异常尴尬。

陈树屏知道两位上司是借题发挥,故意争吵。为了不使宴会大煞风景,更为了不得罪两位上司,他说:"江面水涨就宽到七里三分,而落潮时便是五里三分。张督抚是指涨潮而言,而谭抚军是指落潮而言,两位大人说得都对。"

陈树屏巧妙地将江宽分解为两种情况,一宽一窄,让张谭两人的观点在各自的方面都显得正确。张谭两人听了下属这么高明的圆场话，也不好意思再争下去了。

有时候，双方争执的观点明显不一致，而且也不能"和稀泥"。这时，如果你能把双方的分歧点分解为事物的两个方面，让分歧在各自的方面都显得正确，这必定是一个上乘的办法。

某学校举办教职员工文艺比赛，教师和员工分成两组，根据所造的道具自行编排和表演节目，然后进行评比。表演结束后，没等主持人发话，坐在下面的人就已经分成两派，教师说教师的好，员工说员工的好，各不相让。

眼看活动要陷入僵局，主持人灵机一动，对大家说："到底哪个组能夺第一，我看应该具体情况具体分析。教师组富有创意，激情四溢，应该得创作奖；员工组富有朝气，精神焕发，应该得表演奖。"随后宣布两个组都获得了第一名。

这位主持人心里明白，文艺比赛的目的不在于决出胜负，而在于丰富大家的娱乐生活，加强教职员工的交流，如果为了名次而闹翻，实在是得不偿失。于是，在双方出现矛盾的时候，主持人没有参与评论孰优孰劣，而是强调双方的特色并分别予以肯定，最后提出解决争议的办法，问题自然就解决了。

所以说，有些场合下，双方因为彼此不同意对方的观

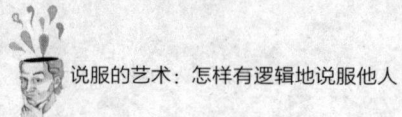

点而争执不休时，作为圆场的人就应该理解双方的心情，找出各方的差异并对各自的优势都予以肯定，这在一定程度上能满足双方自我实现的心理需求。这时再提出建议，双方就容易接受你的说服了。

处理纠纷时，肯定双方是前提，这样双方才会觉得你是公正的。接下来，你再想办法具体解决纠纷。否则，一开始你没有表明态度，争执的双方很可能会拒绝接受你的调节。

适当地褒一方，贬一方

在现实生活中，难免会遇见亲朋好友或者别的人为了某些事而发生冲突与纠纷，需要你出面做和事佬的情况。但是，和事佬并不好做，这是个两边不讨好的差事，如果没有比较高超的语言技巧，往往会把自己陷进去，成为一方甚至双方攻击的对象。但是冲突总得有人调解，或许这个人就是自己，那该怎么办呢？

对一方当事人进行夸奖，讲述他曾经有过的，能引以为豪的事情，使之为了保全面子，主动退出争执，约束自己。这种方式对于绝大多数受过良好教育的人都非常有效，因为颜面往往是他们很看重的，是他们约束自己的动力。

一天中午休息时，陈帅和李倩为了一点小事吵了起来。这时，经理走进来阻止了他们。接着，经理将陈帅叫进办公室谈话。经理说："陈帅啊，你是老员工了，为公司的发展可谓是立下过汗马功劳的，而且，你年年先进，这在咱们单位是有目共睹了。李倩是新来的，刚刚大学毕业，没有社会经验，说话做事也都生嫩得很。你业务能力强是全公司都认可的，以后要继续努力啊！"陈帅听了经理的话，不好意思地说："我以为经理叫我进来是为了刚刚我跟李倩吵架的事呢。"经理听后笑着说："呵呵，陈帅啊，你是个细致的人，别跟小孩子计较，至于刚才我是什么也没看到啊。中午休息还是要的，出去休息吧，下午上班才会精力充沛。"

经理一番话说得陈帅心里又甜又羞，出去后不再与同事李倩争执了。经理夸奖陈帅，点出陈帅的"身份"的差距，轻易化解了两人之间的冲突。

现实生活中，我们也可以利用这种方法来调解纠纷。不过这个调解办法在使用时必须注意不可伤害到另一方的自尊，你对一方的"抬高"最好不要当着另一方的面说，否则会事倍功半，收效不佳。

唤起当事人的荣誉感

讲述让吵架者可引以为自豪的一面，唤起其内心的荣誉感。一个人曾经拥有的荣耀和嘉奖常常会成为鞭策其严于律己的动力，但是在吵架的过程中，人们由于情绪激动，往往容易忘记平时对自己的要求。因此，调节者应该适时地点明争吵者引以为豪的地方，唤起他的荣誉感，使他认识到，作为一个受人尊敬的人，应该克制自己的情绪，用理智来解决问题，这样才无愧于自己的荣誉，于是自觉放弃争吵。

某日，在一辆公共汽车上，乘务员关车门时夹住了乘客，但自己还不认账。这时一位名叫小丁的青年打抱不平，对乘务员说："你是干什么吃的！不爱干，回家抱孩子去！"乘务员嘴像刀子似的与他争论，于是两人吵了起来。这时，站在小丁旁边的一位老人发话了，他拍了拍小丁的肩膀说："小丁，你当机修大王还不够，还想当个吵架大王吗？"青年说："师傅，我可不认识你呀！"

"我认识你，上次我去你们厂，你站在门口的光荣榜上欢迎我，那特大的照片可神气呢！"

小伙子一下红了脸。

老者说："以后可不要再吵架了，这不是解决问题的办法嘛。"

一场纠纷就这样平息了。

在上述案例里，被唤醒的荣誉感发挥了很大的作用。小伙子由于打抱不平而与人争吵，那位老者及时地提醒他回想起自己曾上过光荣榜，暗示他吵架会损害他的荣誉，小伙子意识到这一点之后，立刻为自己的冲动感到惭愧，于是很快恢复了平静。

规劝别人时,通过唤起对方的荣誉感,可以让其不再好意思争吵,如此一来,纠纷也就能很快解决了。

私下称赞,双方各退一步

不对争执双方做人格上的评价,而强调双方在性格、能力等方面的差异性,在客观上起到褒贬的效果,从而化解争执。人们在吵架的时候,经常为了谁对谁错,谁好谁坏而争执不休,直接的褒贬至少会引起一方的不满,甚至会伤害其自尊心。因此,劝架者在对任一方进行劝解时应该避重就轻,不对双方道德上的孰优孰劣做出判断,而是强调两者在个性、能力上的差异,在客观上肯定一方,使其心里得到满足并放弃争执。

小陈和小杨是某学校新来的年轻教师,小陈心眼细,考虑事情周到,小杨性情有些鲁莽,但业务能力较强。一次,两个年轻人因为一点小事发生了争执,小陈说不过小杨,感觉很委屈,跑到校长那诉苦。校长拍拍小陈肩膀说:"小陈啊,你脾气好,办事周到,这个大家都清楚,也都很欣赏,可是小杨天生是个急性子,牛脾气一上来什么都忘了,等脾气过去了就天下太平。你是一个细心的人,懂得从团结同事、搞好工作的角度看待问题,你怎么能跟他那暴性子一般见识呢?"一番话说得小陈脸红了

说服的艺术：怎样有逻辑地说服他人

起来。后来，小杨也来找校长告状，校长笑着跟他说："你的脾气直爽，就不要为了这点小事情计较了。我也知道，你找我不过是想说明情况的，以你的度量，肯定不会因为这点事情，耿耿于怀的。你说，是吧？"小杨摸了摸脑袋，不好意思地说："可不嘛，我就是来给校长发发牢骚，呵呵！"几天以后，小陈和小杨就握手言和了。

这是一个私下单独称赞对方以使得双方各退一步的典型例子。校长没有直接批评小杨，而是反复强调小陈脾气好，小杨性格急躁，这实际上是通过比较两人截然不同的性格来肯定小陈待人办事的方法是正确的，小陈领悟到校长的意思，自然也不会再跟小杨计较。接着，校长又夸小杨是个直爽的人，不会为了这样的小事情而耿耿于怀。小杨被校长捧得不好意思了，最后也不再就这件事再生枝节了。这样，也就有了后来两人握手言和的可能性。

因此，我们在帮助别人解决纠纷的时候，也可以适当运用上述校长私下单独称赞对方的方法，这样一来等于单独给了起纠纷的两个人各自一个台阶下，让两人各退一步变成可能。

在双方接受自己来进行调解之后，可以考虑主攻一方，让其主动退出争执，另一方没了冲突对象，纠纷就自然消散了。

婉转批评，顺道给争吵者"降温"

一对年轻夫妇在吵架。那男的大声指责妻子"没知识，跑到大马路上当众出丑"，一连串粗话，越骂越凶，妻子越哭越伤心。旁边人的劝说根本不起作用。这时有位老人上前拍拍那男的肩膀说："你戴了副眼镜，像个知识分子。你有知识，就不要闷在肚里，要拿出来用。"

老人把"用"字拖长，讲得很响。那男的听了一愣，不骂了，定神听老人讲话。老人略顿了一下，接着又说："你要用你的知识来说服你妻子嘛！如果你只会跺脚，只会骂，不也变得没知识了吗？还是找个地方，冷静下来，好好劝劝她吧！"

几句话，说到了要害。那男的顿时像泄了气的皮球，变得不再那么凶了。

老人又去劝那女的："有话好好说！找组织，找亲友，都好好讲嘛！心里有什么委屈都讲出来，不要闷头哭！汽车不能撞，大卡车可是个大力士，你一个人怎么能撞得过它呢？"

这时众人大笑，女的也被大家笑得不好意思。

吵架的这对夫妻都有不对的地方，但又不肯认识到自己的错，才越吵越厉害。老人则分别指出了双方的不对，但批评得非常委婉，语气和缓，措辞恰当，夫妻双方才接

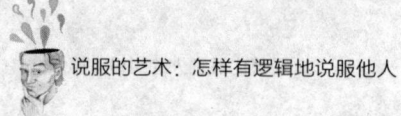

说服的艺术：怎样有逻辑地说服他人

受了他的劝说。

人在吵架时心中有火气，嘴上没好话，耳中听不见劝告。因此，劝架时不要纠缠于吵架人的某些过激言辞，要多用委婉的语言，注意避免当事人的忌讳，一般情况下尽量不用激烈尖锐的语句，力避火上添油，而要用好言好语"降温"。

提出稍稍折中的意见

在双方僵持不下时，采用巧妙的方法将严肃的争执点转化为幽默诙谐的形式，以此来缓和气氛，制造转机。如果纠纷双方是为了一个严肃的问题而互相争执，那么这个问题的严重性带来的压力往往会加深他们之间的相互敌视，促使他们更加坚持己见、互不示弱，为了打破这种僵持不下的局面，调解方应该采取巧妙的方法将严肃的争执点转化为诙谐幽默的形式，使双方的心理压力得到缓解、气氛变得轻松，为问题的解决制造转机。

二战末期，在德黑兰会议上，斯大林与丘吉尔就如何处置德国纳粹分子一事发生了争执。由于斯大林非常仇恨纳粹，因此他认为至少应该处死5万名纳粹分子。而丘吉尔企图利用德国制约苏联，因此他大声反对。两人各持己见，互不相让，气氛非常紧张。在场的罗斯福在这个问题上倾向于斯大林，但他又不能不给丘吉尔面子。于是，他用稍稍折中的方法笑着打圆场:"你们看枪毙49500人行不行?"

没想到,斯大林和丘吉尔都愉快地接受了。斯大林虽然没有完全达到目的,但离自己的目标数据只相差了一点点,而丘吉尔也保住了面子,因为毕竟没有完全按照斯大林的意思去办。于是,会议又接着进行。

生活中的很多争执,往往是因为双方互不让步,觉得自己如果退让就会很没面子。因此,作为夹在中间的第三方,想和平调停的话,固然可以同意其中一方的观点,但也一定要让另一方保全面子。把双方的意见做个折中,就可以同时达到这两个目的。

当别人争执不下的时候,你出面提出折中的意见,可能成为解决问题的关键,你也会因此成为争执双方心目中的"救星"。

第七章

这样说才能劝服他人振作

探病时要适当说谎

对于身患绝症的病人,只能把病情如实告诉其家属,而对其本人,则应说假话。如果假话唤起了他对生活的热爱,增强了他与病魔斗争的意志,就有可能使其生命延续得更长久,甚至战胜死神。

善良的假话,其用心当然也是善良的,即为了减轻不幸者的精神压力,帮助其重振生活的勇气。即使此人以后明白了真相,也只会感激,不会埋怨。即使当时半信半疑,甚至明知是谎话,通情达理者仍会感到温暖、安慰。明知会加重对方的精神压力,但仍要实言相告,即使不算坏话,也该算是蠢话。去探望病人时,如果说话不当,不但不能起到安慰病人的作用,反而会使对方更加烦恼,带来不好的影响。

有一位青年去探望久病的舅母时，关切地询问她："您饭量可好？"谁知一句好好的问候话，却引来病人满面愁容，忧心忡忡地说："唉，不要谈它了！"弄得这位青年十分尴尬，只讷讷地说了几句安慰话后，不欢而别。原来，他舅母病势很重，而最苦恼的症状就是吃不下饭。他问到的正是病人日夜忧虑的问题，顿时勾起病人的烦恼，以致谈话气氛极不愉快。

可见，探视病人时还要注意一定的谈话内容和技巧。那么，该如何做呢？

探望身患重病的不幸者，不必过多谈论病情，谈话不要触到病人最难受的病处，以免病人心烦。如果对方本来就背着沉重的精神包袱，你就更不能大吃一惊地问："您的脸色怎么这样难看？"而要说："这儿医疗条件好，您的病一定会很快好转的。"

对于身患严重疾病的病人，探望时，不仅应该尊重医嘱，尊重病人家庭的意愿，做到守口如瓶，而且在病人面前还要做到若无其事，甚至与之谈笑风生，显得轻松愉快。病人对周围亲友的一举一动是十分注意的。所以，要规劝病人的家属善于控制自己的感情，尤其是在危重病人面前，一定要表现得镇静自若，绝不能流露出自己的悲伤情绪。还要注意：当病人有什么治疗上的要求时，应尽可能给予满足。病人托办的事，要千方百计去完成。在向病人告别时，要转达其他亲友对病人的问候和祝愿，并表示自己下一次一定会再来看望，使病人满怀希望和信心。

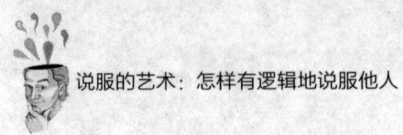

说服的艺术：怎样有逻辑地说服他人

怎样安慰处于困境的下属

如何安抚下属也是一种艺术，当下属暂时陷入了难以解决的难题和窘境时，领导者可以引导受挫者放眼未来，指出其开创未来的优势所在，使其产生对于未来的信心和希望，从而甩掉对眼下挫折的过多思虑，抖擞精神去开创未来。

例如，有一对男女青年小周和小胡，恋爱3年多，在一起看电影、下馆子，关系挺密切。可是当小周把结婚的东西置办齐，要小胡和他去登记结婚时，小胡却突然与他中断了恋爱关系。小周找到她家理论，又被拒之门外。他又气又恨，在门外叫骂，用头撞大门，要死在她家门外。这时，正好小周单位的领导经过，就跑过来问他："你们之间有爱情吗？"小周被问得沉默了。单位领导进一步开导说："光在一起看看电影，逛逛马路，吃吃喝喝，那不是爱情。真正的爱情不是用钱可以买来的。再说，'捆绑不能成夫妻'，既然人家不爱你，你又何必强求呢？你今年才25岁，为一个不爱你的姑娘去死，多不值得？你业务能力强，工作又上进，将来事业不可限量，只要好好干，还愁找不到一个好媳妇？"一番话把愁眉苦脸的小周说得眉眼舒展开了。

男青年小周失恋，这个既定的事实已经无法改变，破镜重圆恐怕也是难以实现了。在这种情况下，单位领导有意把小周的视线从眼前的糟糕状况中转移开，引导他放眼未来，同时给他指出开创未来的两点优势：年轻、工作上进，强调只要充分利用这些优势就一定能够找到顺心的人生伴侣。这样，小周在精神上有了寄托，精神状态也就好转了。

所以，面对处于困境的下属，你安慰他时，可以给他一个有希望的目标，在这份希望的指引下，他会很快走出失意，重新面对新生活。

怎样安慰失意的朋友

人生在世，命运显得神秘莫测，有些不如意、烦恼，甚至不幸和痛苦都很正常。当我们的朋友遭遇不幸时，我们的反应往往不一定得体。我们偏偏说出他们不愿意听的话，令他们难过，当他们需要我们时，我们却不在他们身边；或者，就是和他们见了面，我们也故意回避那个敏感的话题。既然我们并非存心对他们无礼或冷漠，那么，为什么我们会在其实愿意帮忙的时候有那样的表现呢？

我们大多数人都有过这样的经验，就是无意中说错了一句话，巴不得马上能把它收回。我们怎样才能在某个人处于困难时对他说合适的话呢？虽然没有严格的准则，但有些办法可以使我们衡量情况后做出得体而真诚的反应，这里是一些建议。

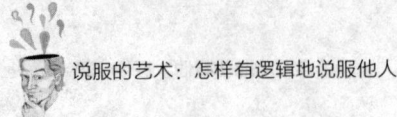
说服的艺术：怎样有逻辑地说服他人

1. 留意对方的感受，不要以自己为中心

当你去探访一个遭遇不幸的人时，你要记得你到那里去是为了支持他和帮助他。你要留意对方的感受，而不要只顾自己的感受。

不要以朋友的不幸际遇为借口，而把你自己的类似经历拉扯出来。要是你只是说："我是过来人，我明白你的心情。"那当然没有什么关系。但是你不能说："我母亲死后，我有一个星期吃不下东西。"每个人的悲伤方式并不相同，所以你不能硬要一个不像你那样公开表露情绪的人感到内疚。

2. 尽量静心倾听，接受他的感受

丧失了亲人的人需要哀悼，需要经过悲伤的各个阶段和说出他们的感受和回忆。这样的人谈得越多，越能产生疗效。要顺着你朋友的意愿行事，不要设法去逗他开心。只要静心倾听，接受他的感受，并表示了解他的心情即可。有些在悲痛中人不愿意多说话，你也得尊重他的这种态度。一个正在接受化学治疗的人说，她最感激一个朋友的关怀。那个朋友每天给她打一次电话，每次谈话都不超过1分钟，只是让她知道他惦记着她，但是并不坚持要她报告病情。

3. 说话要切合实际，但是要尽可能表示乐观

泰莉·福林马奥尼是麻州综合医院的护理临床医生，曾给几百个艾滋病患者提供咨询服务。据她说，许多人对得了绝症的人都不知道该说什么才好。

他们说些"别担心，过不了多久就会好的"之类的话，明知这些话并不真实，而病人自己也知道，但还会这样说。

"你到医院去探病时，说话要乐观，但不能脱离实际。"福林马奥尼说，"例如'你觉得怎样'和'有什么我可以帮忙的吗'，这些永远都是得体的话。要让病人知道你关心他，知道有需要时你愿意帮他的忙。不要害怕和他接触，拍拍他的手或是搂他一下，可能比说话更有安慰作用。"

4. 主动提供具体的援助

一个伤恸的人，可能对日常生活的细节感到不胜负荷。你可以自告奋勇，向他表示愿意替他跑腿，帮他完成一项工作，或是替他接送学钢琴的孩子。"我摔断背骨时，觉得生活完全不在我的掌握之中。"一位有个小女孩的离婚妇人琼恩说，"后来我的邻居们轮流替我开车，使我能够放松下来。"

5. 要有足够的耐心

丧失亲人的悲痛在深度上和时间上各不相同，有的往往持续几年。"我丈夫死后，"一位老人说，"儿女们老是说：'虽然你和爸爸的感情一直很好，可是现在爸爸已经过世了，你得继续活下去才好。'我不愿意别人那样对待我，好像把我视作摔跤后擦伤了膝盖而不愿起身似的。我知道我得继续活下去，而最后我的确活下去了。但是，我得依照我自己的方法去做。悲伤是不能够匆匆而过的。"

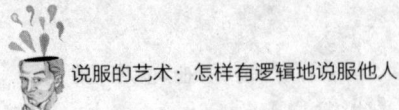
说服的艺术：怎样有逻辑地说服他人

另一方面，要是一个朋友的悲伤似乎异常深切或者历时长久，你要让他知道你在关心他。你可以对他说："我能理解，你的日子一定不好过，但我觉得你不应该独自应付这种困难，让我帮你好吗？"

怎样说能让别人走出悲伤

世事无常，人难免会陷入失意之中，这是因为自我意识没有被唤醒。人的自我意识有很多种，如年龄意识、性别意识、社会角色意识等。拿年龄意识来说，一般情况下，人到了某个年龄阶段就会出现某种心理特征，但有的人却迟迟不出现。这时，只要你将说服术稍加运用一下，他就会醒悟，从而发生心理上的飞跃。正确的自我意识一旦被唤醒，人也就会从失意中振奋起来。

小姜的一个同学因患黄疸型肝炎被学校劝退休学，整天愁眉苦脸，总认为自己的病没有好转的可能，因而产生了悲观情绪，丧失了信心。小姜放假时，到这位同学住的医院探视他。一见面他就做出一副欣喜状，对这位同学说："哥们儿，你的脸色比以前好多了嘛！听医生说，你的黄疸指数已有所下降，这说明你的病情在好转啊！"

小姜的话客观实在，使朋友的精神为之振作。于是，小姜的同学乐观地接受治疗，加速了康复进程，不久便病愈出院了。

人在遇到各种变故的时候，总会不由自主地心烦意乱，甚至悲观郁闷，有些人往往会因为自己的身心状况不佳而更加失落。这时，作为一个鼓励的人，你如果想给他们带来好心情的话，就应该抓住某些好的方面，适时予以积极的暗示，这样才有助于唤起他们的自我意识，使其鼓起希望的风帆，积极地生活。

上大四的小孙恋爱三年了，不久前女朋友不知何故跟他吹了。他很伤心，整天精神恍惚。他的班主任王师知道此事后，特地赶来做他的工作。王老师一见面就说：

"我知道你失恋了，是来向你道贺的！"

小孙很生气，转身就走。

"难道你不问问为什么吗？"小孙停下来，等着听王老师的下文。

王老师说："大学生都希望自己快点成熟起来，失败能使人的心理、思想进一步成熟起来，这难道不值得道贺吗？大学生的恋爱大多属于非婚姻型，一是大学生在学习期间不大可能结婚，二是很难预料大家将来能否在一个地方工作。这种恋爱的时间又不长，随着知识的积累，人慢慢成熟了，就有可能重新考虑对方，恋爱格局也就悄悄发生改变了。应该说，这是大学生心理成熟的一种重要标志，你这么放任自己的感情，是心理成熟还是不成熟的表现呢？另外，越到高年级，大学生越倾向于用理智处理爱情。这时，感情是否相投，性格是否和谐，理想和追求是否一致，学习和工作是否互助互补，都会成为择偶的标

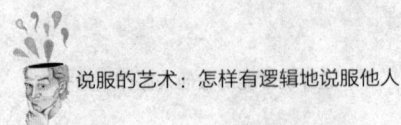
说服的艺术：怎样有逻辑地说服他人

准，甚至双方家庭有时也会成为重点考虑的条件，这就是择偶标准的多元化。这种标准多元化更是大学生心理逐渐成熟的表现，也符合普遍规律。你女朋友和你分手是不是出于择偶条件的全面考虑？你全面考虑过你的女朋友吗？如何处理你目前的感情失落，你该心中有数了吧？"

王老师先设置悬念——"祝贺你失恋"，把小孙从感情的泥沼中"唤"了出来，然后通过合情合理地分析，唤醒他的理智，多次用"大学生失恋不是坏事，而是心理成熟的标志"的观点来加以点拨。王老师就是通过一步步唤醒小孙的自我意识，使他认为该用理智来处理感情问题，从而约束自己的感情，恢复心理平衡。

失意者心中往往憋着一股劲儿，想要摆脱这种心理状态。鼓励他们唤醒自我意识，也就是唤醒他们的自我意识，会帮助他们走出低谷，走向成功。

如何说能帮对方缓解压力

有些人陷入失意境地，会以为是外界的压力所致。对待这些人，用"同病相怜"的经历现身劝慰，更容易使其振作起来。下面的案例中的老师就成功地用"捏造"事实来缓解学生的压力。

某中学教师，头脑灵活，在学生的工作中很讲究策略,非常善于说服学生,做他们的思想工作。

他的班上有一个男同学,人很聪明,升初中的考试成绩是全班第3名。但仅过半年,期末考试却落到班级第27名。这位老师左思右想,也找不出男同学退步的原因。后来,他从侧面了解到,这孩子有尿床的毛病。被褥尿湿了,家长总是很恼火,这"丢脸"的事使他自惭形秽。因为他精神上有负担,所以影响了学习成绩。

面对这样一个棘手的问题,想要说服这位同学,解除他的精神负担,该如何做呢?

这位老师思考了两天,看了一些心理学方面的书籍,最后决定,在一天放学后,办公室人都走光时,找这位同学谈心。

扯了一些班里的杂事以后,老师问这位同学:"听说你会尿床,是不是?"

学生一听,脸"噌"的一下红了,头也垂得低低的。老师把他朝身边拉了拉,握住他的手说:"其实,尿床没什么大不了,我研究过,十几岁的少年儿童中,有相当一部分人都尿床,只不过许多家长不声张罢了。"

学生一声不吭。老师继续说:"老师我也尿过床。"

"真的?"他惊奇地问老师。

"怎么不是,而且延续到初中快毕业。有时一夜尿两三次,睡梦中,我急死了,到处找厕所,找到一个墙角,拉开裤子就尿,结果就尿了一床。"

"哎呀,我也是这样。"他仿佛找到了知音,羞怯之情一扫而光。

接着，师生俩你一句我一句地扯开了"尿经"，讲到好笑的地方，一起放声大笑。这时，他们已没师生之别，好像两个"尿友"在交流经验。

"后来你是怎么不尿床的？"学生突然问老师。

"我啊，到了15岁就自然地不尿床了。"老师装着回忆的神情说，"那时我初中还没毕业，不知不觉地就好了。"

同学掰着手指算着："我今年13岁，再过两年，我也会好了？"

"那当然！"老师肯定地说，"尿床不是病，到了发育的年龄，就会自然地好了，你用不着烦恼。"

当他们走出办公室的时候，学生已经明显轻松多了。

后来，由于家庭、老师的默契配合，那位学生终于放下了思想包袱，摆脱了困境，学习也大有进步。

也许老师的"尿床"经历是编造出来的，然而却一下拉近了两人的距离，这样使劝慰、鼓励和说服变得容易多了。

所以，想劝慰那些因外界压力所致的失意者，你可以先了解给他们造成压力的因素，然后讲些"同病相怜"的经历，以此开导、劝说对方，说服效果往往会非常显著。

相似"经历"是真的，也可以是假的，但这绝对是一个拉近双方距离的绝妙办法，这样会让对方觉得你跟他"同病相怜"，于是把你当成一个最贴心的朋友来坦诚面对和倾诉。一旦他敢面对事实了，再加上你的鼓励，一定能重整旗鼓。

如何说能为女性排解情感困境

当女人遇到情感问题时,除了需要倾诉,更需要解脱。倾诉是她走出情感困顿的第一个也是最初阶段,解脱则是她的终极目标。但并不是所有人,尤其是男人都能够懂得女人的这种心。他们往往只懂得倾听、劝说,当真正遇到棘手问题的时候,便会无可奈何。但下面故事中的这个男人不是这样,不仅仅因为他掌握心理学知识,而是因为他懂得用威慑性的话语去震慑女人的内心,能够按照她真心想的为其排解情感困境。

一个女人的丈夫有了外遇,百般劝阻后男人还是跟她离了婚。瞬间,女人仿佛对什么都失去了兴趣,也看不到任何希望。这天,她跟她的一个学心理学的男性朋友说出了一个可怕的想法。

女人:"知道吗?我想自杀!我想自杀!"

朋友惊讶地看着她。

"你说什么?你能再说一遍?"

"我想自杀?什么方式都行。"

"我知道,你丈夫背叛了你,你心灰意冷,觉得一段好好的感情说不行就不行了,而且问题还不是出在你身上,你是受害者,所以就想以死的方式一了百了是吗?"

"是,我把所有的心血都放到了这段感情里,现在,感情寄托没有了，我不再相信任何人，不再相信感情，我也不想再活下去了。"

朋友一听，冷峻地笑了一下。

"你好傻，女人一遇到感情问题就这么想吗？你想自杀？可以啊。吃安眠药？两瓶或者三瓶，躺在洁净的床上，像电视剧里心灰意冷的人一样，想寻一个安静？但是一定能够奏效吗？你一定不会被家人救起吗？洗胃、呕吐、精神萎靡、严重的后遗症，这样的结果很好？"

"那我选择别的自杀方式，我跳楼。现在不是有很多人跳楼吗？"

"跳楼？这是个好方法。爬得越高成功率越高。但你想过没有，万一你没死成，被树枝阻挡了一下又掉在地上，你的结局可能比死还惨：半身不遂，后半辈子以轮椅为伴，或者直接成为植物人。植物人也挺好的，是吧？什么都不用想，一辈子也就过去了。"

"啊，那我……"

"动摇了？女人似乎不是这样的啊，执拗起来不是改变不了的吗？而且你知道吗？自杀也能传染啊，你不是有孩子吗？他看到你悲惨的结局后还想活在这个世界上吗？"

"其实，其实，我不是想自杀。我就是太伤心了。你能理解我吗？一个女人为了一个男人付出那么多，他却这么对我。"

"我明白，你就是想发泄一下。你还有孩子，还有父母。爱情可以再有，生命却只有一次。"

"嗯，我知道了，我知道了。"

故事中的女人因为丈夫的事情想要自杀，当她明确无误地告诉朋友这件事时，说明她已做出了自己的决断，这个时候无论你怎样劝说"千万不要想不开""别胡思乱想"都没有作用。对她的话说得越多，越会让她坚持自己的想法。所以这位朋友反其道而行之，将自杀时及自杀后种种可怕的情况和盘托出，表面上似乎没有任何劝说对方放弃自杀想法的意思，实际上却在暗地里提醒她：自杀也不是每次都能成功，一旦不成功，你的结局将是植物人、半身不遂、严重后遗症等等。

　　最开始还一副笃定模样的女人，此时的内心已经开始动摇，说话也有了断断续续的迹象，这说明她在犹豫：自杀真的那么可怕吗？自杀失败后真的那么悲惨吗？这个时候，她的精神状态在逐渐恢复平静，不像最开始时的丧失理智。而她朋友的威慑问话法就是为了"吓吓"她，让她知道她即将要做的那件事的严重后果，让她的思维平静，心绪放缓，不再鲁莽行事。

　　所以，生活中，一旦遇到女人表现出像故事中主人公一样的精神状态和语言逻辑，必要的安抚之后，即可以试用威慑问话法，这样才能让其知道事情的严重性，逐渐恢复平静，说出自己的真实想法。

第八章

如何说才能得到他人原谅

道歉时把诚恳表达出来

道歉,有时只不过是"对不起"这简简单单三个字,然而有时它是一种心灵的外在表现。一位中国的访问学者在美国曾遇到过这么一件事。

有一天,她埋头赶路,一边走一边考虑问题,因为有点儿走神,没注意马路上走来一位男士,一时收不住脚步,一脚踩在男士的鞋上。当然,她脱口而出:"I'm sorry!"但令她十分奇怪的是,在她道歉的同时,那位男士也说了一声:"I'm sorry!"这位女士好奇地问:"我踩了你,你为什么要向我道歉呢?"那位男士十分真诚地说:"夫人,我想,是因为我挡了您的路您才踩到我脚上的,所以是我妨碍了您,我应该向您道歉!"

从这番话里我们可以看出,勇于道歉的人常常是善于体谅别人、善于设身处地为他人着想的人。

道歉并非耻辱，而是真挚和诚恳的表现。伟人有时也道歉。丘吉尔起初对杜鲁门的印象很坏，但后来他告诉杜鲁门说，以前低估了他——这句话是以赞誉方式做出的道歉。有的人虽然道歉了，但总想为自己的过失寻找借口，以求保住自己的面子。这样做，只能让人觉得你没有诚意。没有诚意的道歉，不会获得他人的谅解。

我们在与人交往之时，会不可避免地说错话、做错事，为此得罪人也就在所难免了。严重时，甚至给别人造成沉重的精神痛苦和巨大的经济损失。对此，我们需要及时认识到自己的错误，诚恳道歉，并主动承担责任，一般情况下，这总能得到别人的原谅。

真心实意地认错、道歉，不必找客观原因做过多的辩解。即使有非解释不可的客观原因，也最好在诚恳道歉之后略微解释，而不宜一开口就辩解不休。这样只会扩大双方思想感情的裂痕，加深彼此的隔阂。

诚心诚意地道歉，应该语气温和、坦诚直率、堂堂正正，不必躲躲闪闪、羞羞答答，更不要夸大其词、奴颜婢膝，一味往自己脸上抹黑。那样，别人不仅不会接受你的道歉，甚至还会觉得你很虚伪。

有时，没有错也需要道歉。例如，出于变幻无常的天气情况、出乎意料的交通事故等客观原因的影响，你没有准时赴约或耽误了时机，给对方造成了许多麻烦和损失，为什么不道歉呢？如果一味找客观原因，虽然对方表面上不会责怪，但内心还是会有所抱怨的，那就不利于增进友谊。

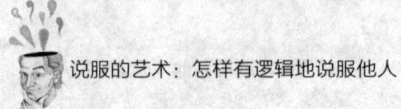

说服的艺术：怎样有逻辑地说服他人

　　如果你有求于人，对方尽了最大的努力，但由于受多方面条件的限制，事未办成，而他为此付出了艰辛的劳动；或事办成了，但对方因此遇到了超乎想象的麻烦。这时为什么不能表示自己发自肺腑的谢意或歉意呢？这体现了对他人劳动的尊重，而且以后有求于他时，也好再开口。总而言之，道歉时一定要诚恳。

语意双关道歉，以情动人不尴尬

　　不得不承认，道歉确实是一件很尴尬的事，不仅自己得抛下面子，接受道歉的人也会觉得不好意思：不接受吧，好像不给对方面子，接受吧，好像自己也"没面子"。不过，若能采用一些别出心裁的形式，效果则会大不一样。彭德怀元帅就是一个典例。

　　抗美援朝时期，志愿军的第五次战役就要打响了，第60军却从前线发来电报说，该军已进入战役发起前的待命地域，可是有的部队已经断粮了，请速补给。彭德怀司令员看罢电文，怒不可遏，他派人把管后勤的副司令员洪学智叫来，把电报扔给他，说："你洪学智怎么搞的？仗还没打就让部队饿肚子，怎么得了！"洪学智却很冷静，他很有把握地表示："这个电报情况反映不准确。"彭德怀更加愤怒了，他反驳道："第60军那边明明缺粮食，部队都开始拿衣服换粮食吃了，怎么不缺粮？总攻马上就开始了，你说这个仗还打不打？你误了我的军机呀！"洪学智仍坚持说第60军有粮，并要求派人调查。彭德怀派自己的秘书一同前往。到了前线，第60军军长一脸歉意地解释："我们还有3天的存粮，电报反映的情况的确不准。"在总部的彭德怀司令员听到这个消息后这才放心，后来，他拿了一个梨送给洪学智，笑着说："我错怪你了，送给你一个梨，吃梨、吃梨，我给你赔个梨（礼）。"一场误会也就烟消云散了。

彭德怀在没有具体了解电报反映的情况下，向洪学智大发雷霆，在了解了真实情况后，他以送梨的方式向对方赔礼道歉，形式别致，语意双关，既表达了自己的歉意，又驱散了对方心头的乌云。

在道歉的时候，还可以称赞对方，让对方获得一种自我满足感，知道自己是正确的，别人是错误的，这样能轻而易举地获得对方的谅解。例如，当你用言语伤害了同一单位一位平常挺关心你的同事之后，你可以这样向他道歉："我早就想给你做检讨了，当年咱俩一块到单位，你对我一直很关心，像个老大哥似的，后来只怪我不懂事，做了些不恰当的事……""当初说的一些话是我不对，知道你宽宏大量，一定能原谅我的过错。"一般来说，在道歉时责备自己，大家能做到，但是却常常忘了称赞对方几句。其实，赞美法是道歉的一个好方法。

此外，道歉要想避免尴尬并起到好的作用，还应该找准时机，以情动人。

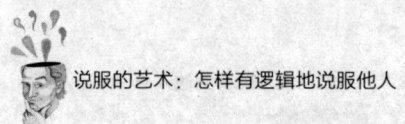

小雨不小心伤害了同学文,文一连好多天都没理她。小雨感到十分内疚,但看到文那双蕴含怒气的眼睛,又觉得没有勇气主动开口道歉。过了几天,文的生日到了,小雨到学校广播台为文点了首歌,并留言说:"文,对不起,我真的不是故意伤害你的,你能原谅上周惹你生气的朋友吗?今天是你的生日,真心祝福你生日快乐,前程似锦,每天都有好心情!"

文听到了广播后很感动,立刻主动找到了小雨致谢,两人和好如初。

当你惹朋友生气时,需要真诚地道歉,但道歉也要讲究时机的选择。我们很难想象,几十年以后的"对不起"能对当初的错误起到什么弥补的作用。所以,道歉要善于把握适当的时机,最好选在对方心平气和、心情较好的时候,这时,你在道歉的同时,再加上对对方真诚的问候或祝福,对方一定更容易接受你的道歉,与你握手言欢,而不至于被人拒绝接受道歉,使你遭遇尴尬。

怎样借他人之口传达歉意

当你所犯的过错很严重,并且对方对你成见很深时,直接当面道歉肯定会被对方劈头盖脸地训斥一通。在这个时候,对方只会发泄情绪,而难以接受道歉,所以你最好先借助第三者来转达自己的歉意,让对方先消消气,然后等对方心情稍稍平静之后，再亲自上门道歉。

　　一次，苏东坡去拜访王安石，恰逢王安石不在家，但见其书桌砚台底下压着一首未写完的诗："昨夜西风过园林，吹落黄花满地金。"苏东坡想：菊花有傲霜之骨，花瓣怎么会四处飘落？王公真是"江郎才尽"铸成大错啊！于是，苏轼挥笔续诗："秋花不比春花落，说与诗人仔细吟。"然后拂袖而去。

　　过了些时候，苏东坡去后花园赏菊，正值刮了几天大风，园中十几株菊花枝上，一朵花也没有，只见落英缤纷，满地铺金。苏东坡一时瞠目结舌，想起在王安石家写的那两句续诗，羞红了耳根，想亲自向王安石道歉，又担心解释不清，自讨没趣。他终于想出了一个办法，邀请王安石最亲密的诗友王令来家做客。然后向他说了那天乱改诗句的事情，随后感叹：

　　"我迄今对王安石深感惭愧和内疚，这事给我的教训太大了，凡事不可自恃聪明，随便讥笑别人啊！"

　　后来，王令将苏轼的歉意转告了王安石。王安石知其良苦用心，便消除了与苏轼的隔阂。

　　在这个例子中，苏轼属于不便亲自登门道歉的情形。一是，自古以来都是文人相轻，何况苏轼无端贬斥；二是，两人在政见上分歧很大，王安石推行新法，苏轼阻挠。如果苏轼亲自登门，啰唆解释一番，或痛骂自己一顿，王安石恐怕会火上浇油，或视之为虚情假意，难以收到预期的效果。于是苏轼巧借第三者之口，转告自己的歉意，使王安石更容易接受。

现实生活中，也不乏这样的情况，有些人明知自己错了，也想向对方表达歉意，然而由于自尊心太强，面子太薄，当面道歉难为情，或者双方因为其他问题不便亲自对话，这时，就可以考虑巧妙地借用"媒介"，让中间人为自己传达歉意，兴许还能获得当面道歉收不到的好效果。

借他人之口传达歉意的技巧，使用起来有两个关键点需要注意：一是选择合适的第三者，最好是对方的好朋友；二是你与第三者的交谈一定要恰到好处地表达歉意，并且让第三者明白你的良苦用心，只有这样，第三者才会准确而又尽力地替你转达歉意。

怎样向异性道歉才能获得原谅

如果你在生活或工作中有意或无意地伤害了周围的异性，这时，你应该主动地向对方道歉，不要以为对方是异性而放不下面子。要知道，只有真诚、及时的歉意才能使对方改变对你的看法，谅解你的错误行为。在向异性道歉时，还要掌握适当的方式方法，以下几点要格外注意。

1. 真诚，不可敷衍了事

俗话说，精诚所至，金石为开。只要你真心实意地向对方表示歉意，一般来说，对方是会原谅你的。道歉时切忌敷衍了事，那只会加深对方对你的反感。当你说"对不起"时，不要低头望着地面，而要把头抬起来，看着对方的眼睛，一定要让对方看到你真诚的歉意，从而原谅你的过失。

2. 直截了当，不推三阻四

向异性道歉时，一定要注意不为自己找借口。强调客观原因，只会冲淡你的诚意，即使对方表面上原谅你，但仍会心存芥蒂。无论你应该负全部或部分责任，都没关系，只要你心甘情愿地担负起责任，就会被对方看作是宽宏大度的人，就能使对方真心地原谅你。

3. 不要一再道歉

向异性道歉，要大方，不要忸忸怩怩，一再向对方表示歉意。如果你是男性，更应注意这些方面，否则，对方会对你啰唆的行为厌烦，认为你不像一个真正的男子汉。

4. 不要怕碰钉子

一般的人，在异性面前都特别爱惜自己的面子，唯恐对方让自己下不了台而不敢去向对方道歉。其实，这种担心往往是不必要的，对方未必像你想象的那样不通情理。退一步来说，即使对方在你面前"发泄"一下，还不是因为你做了对不起他的事，也是可以理解的啊！而且让他发泄出来，总比埋在心里好得多吧！

5. 适当赔偿

你做了有损于对方的事，就应该对人家有所补偿。当然，弄坏了别人的东西赔偿是肯定的了，但如果你使对方蒙受其他方面的损失呢？比如，人格、形象等方面的伤害，是不是也可以考虑在一个适当的场合予以挽回，来作

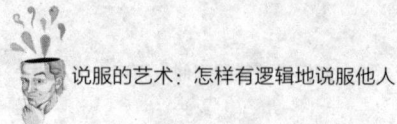

为你真诚歉意的表达呢?

6. 抓住时机

当你知道自己错了的时候,就应立即向对方道歉,这表明你很在意对方是否原谅自己,给对方一种心理上的满足。当然,道歉并不是说要不分场合、地点,一味求快。道歉时要注意选择对方最能接受的心理状态和周围环境。

7. 把道歉作为一种美德

道歉绝不是一件丢脸的事,你做错了事,向人家道歉,这是诚实和成熟的表现,是一种可贵的美德,特别是主动向女性道歉,体现了你对女性的尊重,会博得对方的好感。

怎样向朋友道歉才能不影响友谊

人非圣贤,孰能无过?但是有的人却认为承认错误会暴露自己的缺点和错误,尤其在朋友面前,是一件有失身份的事情,所以即使犯了错也不肯承认,遮遮掩掩,甚至在朋友当面指出的时候都不肯承认,更不要说道歉了。

然而,你要清楚:与其等朋友提出批评、指责,还不如主动认错、道歉,这样更易于获得谅解、宽恕。凡是坚信自己一贯正确,发生争端总是武断地指责对方大错特错,不知道怎么说抱歉的人,根本交不到朋友,或易交难处,永远缺乏知心朋友。

道歉并非示弱。一个人要承认自己的错误是需要勇气的。人际关系是生活中最难处理的事情，人都免不了有出错的时候。一旦错了，就得道歉，只有如此才能避免更大的损失。

有些人明知道是自己不对，可能是碍于所谓的身份或者面子，不肯主动认错，觉得认错是没面子的事情，所以冲突也就无法解决。其实只要有一个人能主动承认错误，就是一种勇气，更是一种能说会道的策略。这不仅有助于解决相关的矛盾，也能取得一定的满足感。

说"对不起"的时候，眼睛一定要直视对方，只有这样才能传递出你的心意。如果一边做事一边道歉，或者用回避的方式，都表现不出你的诚意，无法让对方感觉到你的歉意。没有辩解的道歉才能让对方感觉你的诚意，达到道歉的目的。

小雯借朋友的衣服穿，却因为疏忽把衣服刮破了，小雯觉得很抱歉，就在还衣服的时候，很诚恳地对朋友说："对不起，我不小心弄破了你的衣服，这是一个裁缝的电话，我已经联络过他了，他说可以补得像没坏一样。"

这种正面的直接的道歉是最好，也是最佳的方式。假如小雯在还衣服的时候只是说："衣服破了，我赔钱给你吧。"对方肯定会婉言谢绝，但心里绝对会不舒服，觉得小雯的"道歉"只是形式上的，不够真诚，她们之间自然也就有了隔阂。

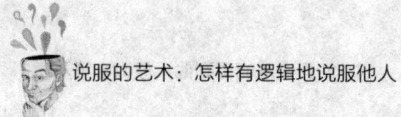

小伟在朋友的生日宴会上喝多了,将女主人最喜欢的一个花瓶失手打碎了,以小伟的经济实力绝对赔不起这个花瓶。

为了表示自己的歉意,小伟挑选了一张精致的贺卡,写上自己的歉意:我知道我的行为给你们造成了困扰,也知道自己的行为是无法原谅的,请相信我绝对不是故意的。如果当时我没有喝醉,也就不会发生那种事情了,所以请接受我最真挚的歉意。

小伟将卡片亲手交到朋友手里,并带了一瓶朋友最喜欢的酒,不是为了赔偿那个花瓶,而是为了表示真诚的歉意。

小伟的这种道歉方式很艺术,你也可以不直接说出"对不起"这三个字,而是像小伟这样用一张卡片或一份小礼物等,都可以表示歉意。最重要的是不要回避,一开始就要先承认自己的错误,而且道歉一定要有诚意。

真心实意地认错、道歉,不要强调客观原因、做过多的辩解。就是确有非解释不可的客观原因,也必须在诚恳地道歉之后再略微解释。一开口就辩解不休绝对不是一种聪明的说话方式,因为你对自己的错误实际上是抱着抽象否定、具体肯定的态度。这种道歉,不但不利于弥合双方思想感情上的裂痕,反而会扩大裂痕、加深隔阂。

得罪领导时，说话一定要放低姿态

领导虽然和我们一样都是普通人，但是因为领导处在一个可以发号施令的地位，下属对于他有一种本能的敬畏，而领导自己也有他自己的优越感，在领导的认知里，他一定要得到下属的尊重，所以我们在和领导说话时，一定要放低姿态，让领导感受到我们的尊重。

赞同领导的意见是最为首要的尊重，当然这并不是要我们成为没有个人观点的应声虫，领导需要的也不是这样的下属。当我们想要改变领导的想法时，我们要做的不是直接指出他的错，而是放低姿态，保持尊重，不去强调自己才是正确的，而是运用语言技巧把领导的观点转到正确的一面，让领导慢慢意识到你的观点是正确的。

江瑞大学毕业之后参加了××市的事业单位考试，很幸运地考上了本市的一家事业单位。因为机会难得，江瑞在工作中任劳任怨、兢兢业业，就这样，他在这里工作了5年。但是因为他并不是善于表达自己的人，除了本部门的人，大多数人都对他不太熟悉，并且因为他生性耿直，说话大大咧咧，得罪了很多人，其中也包括他的领导。

这一年江瑞所在的单位，政府给了一些补贴房，在这个房价飙升的年代，这些廉价的补贴房是十分珍贵的。因为所有人都想要得到补贴房，所以单位决定按照工作年限

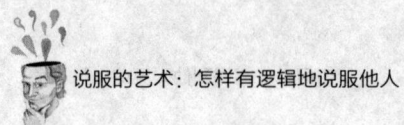

说服的艺术：怎样有逻辑地说服他人

和表现分配这批补贴房。江瑞正好在符合标准的人当中，他十分高兴，连忙将这个好消息告诉了家里人，同时也做好了入住的准备。

但是当分配名单出来之后，江瑞发现上面甚至有比他晚工作的同事的名字，却没有他的名字，他感到十分生气，认为是领导将他忘记了，于是怒气冲冲地来到了领导的办公室。

他推门冲了进去就说："王主任，你是怎么办事的，我的工作年限和工作表现都符合标准，但是补贴房的分配名单里却没有我，你是不是把我漏了。你是领导，怎么能这么不负责任，赶快把我添上。"

说完这话江瑞就等着王主任的答复。这时王主任心想江瑞真不懂事，因为这时他的办公室里还坐着其他部门的领导，他们在商谈一些工作上的问题。江瑞的无理言行让他在这些人面前颜面扫地，让他们觉得自己是一个在下属面前完全没有威信的领导。

王主任虽然心里很生气，但表面上还是要维持领导的风度，他说："小江啊，不是我把你忘了，主要是咱们单位有几个外地的大学生要结婚，急需用房。我想你是老员工了，不会和他们计较的，所以就先分给他们了，你不要介意啊，明年我不但优先把房子分给你，还一并给你提干，怎么样？"

听了领导的话，江瑞十分高兴，他说："你这样说还差不多，那我先出去了。"江瑞扬扬得意地以为领导是被自己的气势压住了，这个单位没有他是不行的。他欣慰于自己认真工作得到了领导的认可。从这以后江瑞一直等着领导给自己分房提干。但是不知道为什么在以后的几年里，领导既没有将房子分配给江瑞，也没有给他提干。

后来江瑞辗转得知，领导对于他那天的无礼言行十分愤怒，他已经被领导列入不再重用的黑名单里了。

职场中的人际关系是非常复杂的，有时我们得罪领导的原因不是做错事，而是态度不够好，没有表现出对领导的尊重，维护领导的尊严。

适时对领导谏言是十分必要的，但是不是每一个领导都有接受批评的胸襟，其实即使领导能够接受批评，但在他的内心里依然觉得非常不舒服。其实忠言未必要逆耳，选择合适的态度，放低自己的姿态，一样可以达到自己预期的谈话效果，甚至能取得更好的说服结果。

第九章

怎样说别人才能为你办事

提请求，先提小的再提大的

曾有社会心理学家做过一个经典而又有趣的实验，他们派了两个大学生去访问加州郊区的家庭主妇。

实验过程是这样的：首先，其中一个大学生先登门拜访了一组家庭主妇，请求她们帮一个小忙：在一个呼吁安全驾驶的请愿书上签名。这是一个社会公益事件，每年死在车轮底下的人不知道有多少！不就是签个字吗，太容易了。于是绝大部分家庭主妇都很合作地在请愿书上签了名，只有少数人以"我很忙"为借口拒绝了这个要求。接着，在两周之后，另一个大学生再次挨家挨户地去访问那些家庭主妇。不过，这次他除了拜访第一个大学生拜访过的家庭主妇，还拜访了另外一组家庭主妇。与上一次的任务不同，这个大学生访问时还背着一个呼吁安全驾驶的大招牌，请求家庭主妇们在两周内把它竖立在她们各自院子的草坪上。可是,这是个又大又笨的招牌,与周围的环境很不协调。按照一般的经验,这个有点过分的要求很可能被这些家庭主妇拒绝。毕竟,这个大学生与她们素昧平生,要求她们帮这么大的忙,真的有些难为她们。

实验结果是:第二组家庭主妇中,只有17%的人接受了该项要求,但第一组家庭主妇中,则有55%的人接受了这项要求,远远超过第二组。

对此,心理学家的解释是,人们都希望给别人留下一个前后一致的好印象。为了保证这种印象的一致性,人们有时会做一些理智上难以解释的事情。在上面的实验中,答应了第一个请求的家庭主妇表现出了乐于合作的特点。当她们面对第二个更大的请求时,为了保持自己在他人眼中乐于助人的形象,她们只能同意在自家院子里竖一块粗笨难看的招牌。

这个实验告诉我们,一个人一旦接受了他人的一个小要求之后,如果他人在此基础上再提出一个更高一点的要求,那么,这个人就倾向于接受更高的要求。这样逐步提高要求,就可以有效地达到预期的目的。心理学家把这种对别人提出一个大要求之前,先提出一个别人很容易接受的小要求,从而使别人对进一步较大的要求更容易接受的现象称为"进门槛效应"。

为什么会发生进门槛效应呢?

当你对别人提出一个貌似"微不足道"的要求时,对方往往很难拒绝,否则,会显得"不近人情"。而一旦接受了这个要求，就仿佛跨进了一道心理上的门槛，就很难有抽身后退的可能。因为当再次向他们提出一个更高的要求时，这个要求就和前一个要求有了顺承关系，让这些人容易顺理成章地接受。在这种情况下，比乍一上来就提出比较高的要求，更乐于被人接受。

日常生活中有许多利用进门槛效应的例子。比如，当一个推销员可以敲开门，跟顾客进行交谈时，其实，他已经取得了一个小小的成功。此时，如果他能够说服顾客买一件小东西的话，那么，他再提出进一步的要求，就很可能被满足。这是为什么呢？因为那位顾客之前答应了一个要求，为了前后保持一致，他的确会有较大可能性去接受进一步的要求。男士在追求自己心仪的女孩时，也并不是"一步到位"提出要与对方共度一生的，而是逐渐通过看电影、吃饭、游玩等小要求来逐步达到目的的。

有的孩子向妈妈提要求，可不可以吃颗糖果？当妈妈答应他的时候，他可能会提出进一步的要求，那可不可以喝一小杯果汁呢？妈妈通常也是会答应的。

这个心理效应给我们的启示是，在人际交往中，当我们要提出一个比较大的要求时，可以不直接提出，因为这个时候很容易被拒绝。你可以先提出一个较小的要求，一旦对方答应，再提出那个较大的要求，被接受的可能性就会更大。

托人办事时应该怎样套近乎

托人办事之前首先要通过语言拉近和对方的距离。俗称"套近乎",也叫"名片效应"或"认同术"。"套近乎"是交际中与陌生人、尊长、上司等沟通情感的有效方式。

外交史上有这样一则逸事:一位日本议员去见埃及总统纳赛尔,由于两人的性格、经历、生活情趣、政治抱负相距甚远,总统对这位日本议员不大感兴趣。日本议员为了不辱使命,搞好与埃及当局的关系,会见前进行了多方面的分析,最后决定以套近乎的方式打动纳赛尔,达到会谈的目的。下面是双方的谈话:

议员:"阁下,尼罗河与纳赛尔,在我们日本是妇孺皆知的。我与其称阁下为总统,不如称您为上校吧,因为我也曾是军人,和您一样,跟英国人打过仗。"

纳赛尔:"唔……"

议员:"英国人骂您是'尼罗河的希特勒',他们也骂我是'马来西亚之虎',我读过阁下的《革命哲学》,曾把它同希特勒《我的奋斗》做比较,发现希特勒是实力至上的,而阁下则充满幽默感。"

纳赛尔:"(十分兴奋)呵,我所写的那本书,是革命之后,3个月匆匆写成的。你说得对,我除了实力,还注重人情味。"

议员:"对呀!我们军人也需要人情。我在马来西亚作战时,一把短刀从不离身,目的不在杀人,而是保卫自己。阿拉伯人现在为独立而战,也正是为了防卫,如同我那时从不离身的短刀一样。"

纳赛尔:"(大喜)阁下说得真好,以后欢迎你每年来一次。"

此时,日本议员顺势转入正题,开始谈两国的关系与贸易,并愉快地合影留念。日本人的套近乎策略产生了奇效。

在这段会谈一开始,日本人就把总统称作上校,降了对方不少级别;挨过英国人的骂,按说也不是什么光彩事,但对于军人出身,崇尚武力,并获得独立战争胜利的纳赛尔听来,却颇有荣耀感;没有希特勒的实力与手腕,没有幽默感与人情味,自己又如何能从上校到总统呢?接下来,日本人又以读过他的《革命哲学》,称赞他的实力与人情味,并进一步称赞了阿拉伯战争的正义性。这不但准确地刺激了纳赛尔的"兴奋点",而且百分之百地迎合了他的口味,使日本人的话收到了预想的奇效。日本议员先运用寻找共同点的办法使纳赛尔从"不大感兴趣"到"十分兴奋"再至"大喜",可见日本人套近乎的功夫不浅。

这位日本议员的成功,给我们一个重要启示,就是不能打无准备之仗,做到有备而来,才能套近乎,并且套得扎实,套得牢靠。

所以，套近乎是交际中与陌生人、尊长、上司等沟通情感的有效方式，而且要有备而来，言之有物。

先数落自己一番，以此感动对方

人们往往喜欢表现得尽量比别人强，或者努力证明自己是有特殊才干的人。一个真正有能力的领袖是不会自吹自擂的，所谓"自谦则人愈服，自夸则人必疑"就是这个道理。

美国著名政治家帕金斯30岁那年就任芝加哥大学校长，有人怀疑他那么年轻是否能胜任大学校长的职位，他知道后只说了一句："一个30岁的人所知道的东西是那么少，需要依赖他的助手兼代理校长的地方是那么的多。"就这短短的一句话，使那些原来怀疑他的人一下子就放心了。

求人办事，如果能感动别人来帮助你，那就再好不过了。但要感动别人，就得从他们的需要入手。你必须明白，要一个人帮你做事情，唯一有效的方法就是使他自己心甘情愿。同时，还必须记住，人的需要是各不相同的，各人有各人的癖好和偏爱。只要你认真探索对方的真正意向，特别是与你的计划有关的，你就可以依照他的偏好应对他。

你首先应让自己的计划适应别人的需要，这样你的计划才有实现的可能。比如，说服别人帮你最基本的要点之一，就是巧妙地诱导对方的心理或感情，以使对方就范。

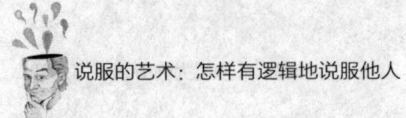

说服的艺术：怎样有逻辑地说服他人

如果你特别强调自己的优点，企图使自己占上风，那对方反而会加强防范。所以，应该先点破自己的缺点或错误，使对方产生优越感。

此外，有些被求者因为帮助了你，有恩于你，心理上会不自觉地产生一种优越感，说不定还要对你数落一番。当你认为自己可能被人指责时，不妨先数落自己一番，当对方发觉你已承认错误时，便不好意思再指责你了。

用适当的话语引起对方的心理共鸣

人与人之间，本来就有许多地方是相同的，但是要使彼此真正共鸣起来，需要一定的说话技巧。

在你对一个人有所求的时候，这样的论点也同样适用。最好先避开对方的忌讳，从对方感兴趣的话题谈起，不要太早暴露自己的意图，让对方一步步地赞同你的想法，当对方跟着你走完一段路程时，便会不自觉地认同你的观点。

伽利略年轻时就立下雄心壮志，要在科学研究方面有所成就，他希望得到父亲的支持和帮助。

一天，他对父亲说："父亲，我想问您一件事，是什么促成了您同母亲的婚事？"

"我看上她了。"父亲答道。

伽利略又问："那您有没有娶过别的女人？"

"没有，孩子。当时家里的人要我娶一位富有的女士，可我只钟情于你的母亲，她从前可是一位风姿绰约的姑娘。"

伽利略说："您说得一点也没错，她现在依然风韵犹存。您不曾娶过别的女人，因为您爱的是她。您知道，我现在也面临着同样的处境。除了科学研究，我不可能选择别的职业，因为我喜爱的职业正是科学。别的对我而言毫无用途，也毫无吸引力！难道要我去追求财富、追求荣誉？科学是我唯一的需要，我对它的爱好比对一位美貌女子的倾慕。"

父亲说："像倾慕女子那样？你怎么会这样说呢？"

伽利略说："一点也没错，亲爱的父亲，我已经18岁了。别的学生，哪怕是最穷的学生，都已想到自己的婚事，可是我从没想过那方面的事。我不曾与人相爱，我想今后也不会。别的人都想寻求一位标致的姑娘作为终身伴侣，而我只愿与科学为伴。"

父亲似乎有所感悟，但始终没有说话，仔细地听着。

伽利略继续说："亲爱的父亲，您有才干，但没有力量，而我却能兼而有之。为什么您不能帮助我实现自己的愿望呢？我一定会成为一位杰出的学者，获得教授身份。我不但能够以此为生，而且会比别人生活得更好。"

说到这，父亲为难地说："可我没有钱供你上学。"

"父亲，您听我说，很多穷学生都可以领取奖学金，这钱是公爵宫廷给的。我为什么不能去领一份奖学金呢？您在佛罗伦萨有那么多朋友，您和他们的交情都不错，他们一定会尽力帮忙的。他们只需去问一问公爵的老师奥斯

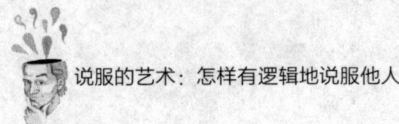

说服的艺术：怎样有逻辑地说服他人

蒂罗·利希就行了，他了解我，知道我的能力……"

父亲被说动了："嗯，你说得有理，这是个好主意。"

伽利略抓住父亲的手，激动地说："我求求您，父亲，求您想个法子，帮帮我吧。我向您表示感激之情的唯一方式，就是……就是保证成为一位伟大的科学家……"

伽利略最终说动了父亲，实现了自己的理想，成了一位西方历史上著名的科学家。

这里，伽利略采用的就是"心理共鸣"的说服方法。心理共鸣说服法一般可以分为以下四个阶段：

心理共鸣说服法的四个阶段

↓

导入阶段
先顾左右而言他，以对方当时的心情来体会现在的心情。伽利略先请父亲回忆和母亲恋爱时的情形，引起了父亲的兴趣。

↓

转接阶段
逐渐转移话题，引入正题。伽利略巧妙地通过这句话把话题转移到自己身上："我现在也面临着同样的处境。"

↓

正题阶段
提出自己的建议和想法。伽利略提出"我只愿与科学为伴"，这正是他要说服父亲的主题。

↓

结束阶段
明确提出要求。

为了使对方更容易接受，最后还可以指出对方这样做的好处。伽利略正是这样做的。他的话使自己终于达到了目的，为最终实现自己的理想奠定了基础。

人其实都是一样的，只是表现方式各异。你要找到你与所求之人之间的共同点，得到对方心灵的回应，就相当于获得了求人成功的钥匙。

至于具体如何实现自己与对方的心理共鸣，通常可以通过三个途径：一是避开对方的忌讳，从对方的兴趣谈起，不要太早暴露自己的意图；二是让对方一步步地赞同你的想法；三是当对方跟着你走完一段路程时，就会自然而然地认同你的观点。

向别人借东西时应该怎么说

我们向别人借东西能否取得成功，不仅仅取决于和对方的关系如何，还与我们的语言表达是否恰当有很大的关系。因此，我们在向别人借东西时，也要注意说话的分寸。

首先，向别人借东西时要用商量恳求的语气。因为有求于人，所以，语气应柔和、诚恳，即使是亲友、熟人也不能口气太硬。比如，你的孩子患病住院了，你手头又缺钱，只能向别人借，这时你可以说："不知您手头宽绰不宽绰？下月开支我就还您。"用这种商量的口气，只要人家手里有钱，是不会不帮忙的。但有些人则不注意这一点，向人借钱时说："谁不知你存了几万元，借我1000元还不是牛身上拔根毛。"诸如此类的话，在平日里与熟人打趣说说还不要紧，但在真正开口借东西时，就不可以这样说。所以借东西时说话一定要用商量的语气，使对方感到你有求于他而且尊重他，他才肯帮你。

其次，语言要因关系而异。关系好的不妨随便一些，知心朋友更应该直截了当，以免让对方感到"生分"。若是一般朋友，关系平常，不妨来个"曲线求借"，先试探一下，然后根据对方情况随机应变。比如，老朋友之间就可以这样表达自己借钱的意图："喂，我这两天手头紧，能不能借点钱用用！"若是一般朋友，你不妨这样说："唉，这几天花钱真多，买这又买那的，离发工资还有10天，这日子过得真紧！"若朋友能悟出你的意思，主动提出帮助你，那你再说借钱数字；若对方也跟你一样，大谈钱如何如何不够用之类的话，请你免开尊口，因为，对方的意思很明显：他不想借或真的没有。

再次，说话要诚实守信，且向对方说明归还时间。向别人借东西要说实话，除非是自己隐秘的事不能对人说。但不能为借得容易些而编个顺当理由。编假话骗人是不可取的，尤其对归还日期要守诺，如你借钱时明明近日还不了，为了使人家乐意借，就说："过几天就还。"或说："明天就还。"结果不能如期归还，人家就会把你看成不守信用的人，下次再借就难了。另外，借别人东西时很重要的一点，就是一定要说明归还时间，而且要准时归还给人家。比如，你与同事一起去商店，看见了一条新式裙子，你想买下来，刚巧手里钱不够，你就可以这样说：

"小王，你先借给我5元钱吧，等回去我就让我女儿给你送去。"说明了归还时间，使人家感到借出去的钱有了保障，才会放心地借给你。

最后，需要注意的是，当你借不到东西时，千万不要说气话。向人家借东西，总有不能如愿的时候，不能因为人家不借给你，你就说出不礼貌的话。比如，你向人借钱，人家说："对不起，我昨天刚存入银行。"你就不要说出："怎么这么巧，偏我来借时你就存了银行。"结果两人大伤和气。假如你在借钱不成时，能对人家说："我知道你手头不宽绰，我再到别人家看看。"这话让人觉得你能体谅人，或许下次在你缺钱时，他会对你施以援手。

第十章

教你成为应酬大师

请客吃饭,以好理由"打头阵"

中国有句古话叫"无功不受禄"。因此,在任何时候,请别人吃饭一定要找个合适的理由,以此拉近人与人之间的关系,提高办事的成功率。如果对方能欣然赴宴,那么求他办的事也就等于成功了一半。也就是说,用好理由"打头阵",往往能促成一次难得的饭局应酬。

刘强是个刚毕业的大学生,初入职场的他和办公室里元老级的同事总有些不合拍,连科长都说他有些木讷。办公室里的同事总能找到理由请客,科长也时不时欣然前往。而刘强更加被孤立,虽然他也在寻找请客的理由,以期望拉近和大家的关系。

刘强没有女朋友,生日也还有半年多的时间,他实在找不到可以宴请大家的理由,又怕落个马屁精的"雅号"。这天,刘强在路边的饭厅吃午餐,看到对面有个福利彩票销售点，很多人排着队在买彩票。刘强脑子灵光一闪，顿时想到一个好办法。

从那天，刘强开始买彩票，还有意无意将买来的彩票遗忘在办公桌上。刘强买彩票的消息，在同事间不胫而走。还没等大家把这个消息炒成办公室最热门的话题，刘强在一天早上郑重地宣布自己获得两万元的一个奖。下班了，同事和科长被请进了饭店，酒足饭饱后，刘强从大家的眼神里看到了认可和友好的神情。

从此以后，他也渐渐融入了办公室这个大集体，上司和同事也对他伸出帮助之手。就连他以后结婚分房的事，也是科长和同事鼎力相助的结果。而这一切要谢就得谢那次虚拟的"中奖"啦。

俗话说，"吃人家的嘴短"，很多人都明白这个道理，所以不是你请客别人就会来赴约。有时候，即使你真诚邀约，并且不需要对方花一分钱，他们也往往会想办法拒绝，因为他们深知"天下没有白吃的晚餐"，他们迟早得以其他的方式来为这一餐饭埋单。所以，宴请别人之前一定要找个好理由，理由找好了，才能说服对方欣然赴宴，你的目的才有可能达成。

请客吃饭时，要想堵住别人拒绝的口，可以采用以下几种宴请方式。

1. 开门见山式

例如，当你想邀请上级领导吃饭时，可以直接说："请问是徐经理吗？我们现在在某某酒楼吃饭，过来认识几个朋友吧,我们等你来啊!"这种方式自然亲切,容易让人接受。

2. 借花献佛式

例如,"陈经理!今天获奖名单公布了,我中奖了!天上掉下来的财要散一散才好啊,走,我们去庆祝庆祝!"然后在酒宴上再提自己求他所办之事,那时候他的酒都喝了,哪好意思不帮你?

3. 喧宾夺主式

例如,"张先生,你中午没有时间啊!没有关系,这样吧,下午我去订个位置,然后晚上你带上你的家人,我们一起去吃怎样?晚上我给你电话!"这样发出的邀请,别人就很难再有借口推辞了。你也就有了接近对方,求其办事的机会。

自古以来,请客吃饭都不如家常便饭那般朴素无欲,其背后往往潜藏着宴请者巨大的利益追求,更多的是一种排场、一种面子、一种投资、一种手段,是"天下没有白吃的晚餐"的最真实写照。而如何准备好这场饭局,成功网罗住"大鱼",一个好理由"打头阵"是必不可少的,大家在现实生活中可以适当选用上述理由,以助饭局顺利。

找对话题,调动与宴者的积极性

一般情况下,到了不熟悉的宴会场所,很多人会放不开,说话也比较拘谨,这样气氛就很沉闷,彼此都会觉得无趣。为了使宴会顺利、热烈地进行下去，真正达到增进关系、交流感情的目的，你可以在宴会上营造活跃、热烈的气氛，提高与宴者的积极性，让大家由此对你心生好感，那你参加宴会的目的便能很容易达成了。

要想活跃气氛，你就必须先找到合适的话题，使你和与宴者在杯盏之余能够兴致盎然地畅谈起来，这样，也可以让你更好地应付宴会上一直沉默的人。怎样才能找到合适的话题呢？

找到合适的话题主要包括以下两点。

1. 找寻大家熟知的话题

在聚会中找寻大家熟知的话题有两大好处，首先是熟知的话题对你和其他人来说都不陌生，大家都能够发表几句自己的看法，并且正因为熟悉，所以能够谈得深，谈得透，谈得妙趣横生，很容易把大家的兴致都调动起来；其次，大家都熟知的话题往往牵涉一些共同的体验和经历，因而在谈论过程中很容易激发共鸣，拉近彼此之间的心理距离。

2. 找寻大家关心的话题

除了大家都熟知的话题，大家都关心的话题也能够迅速调动宴会的气氛。对这类话题有些人可能并不十分熟悉，但出于关心还是忍不住说一说，可能他们讲不出所以然来，但在和你的讲话中积极性还是被调动起来了，聚会的气氛也随之活跃起来。

除了找到适当的话题，讲讲笑话也是调节气氛的一剂良方。商务宴会时和客人交流，你适当开开玩笑，可以活

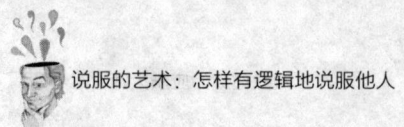

跃气氛、融洽关系、增进友谊。但如果开玩笑时不注意因人、因时、因环境、因内容而定，就可能因开玩笑过度而招人厌恨。

给别人敬酒时要讲究的语言艺术

有一句话说"人在江湖走，哪有不喝酒"，这句话巧妙地说明了酒在现代人际交往中的重要性。不论何种场合，觥筹交错，在所难免。一谈起喝酒，许多人都有自己切身的体会。虽然喝酒是一件普遍的事情，但是，没有人会平白无故地来喝你的酒，喝酒总是需要一个理由的，而且要怎么才能把酒喝得好、喝得快乐也是一门艺术。

要把酒喝得顺理成章，喝得快乐，巧妙的敬酒可是起到了举足轻重的作用。

敬酒是中国人的美德。有的人认为，一餐饭一顿酒的表现，说不定可以决定自己在职场上的命运。所以在酒桌上，常常会看到一些有趣的现象。有些人从来不肯喝酒，但是如果桌上有领导，敬酒就特别主动。不过，往往是上级劝下级喝酒容易，但下级要想向上级敬酒，通常比较难，那么下属敬酒应该怎么说呢？

1. 围绕一个主题

一旦开始给领导敬酒，就不要离题，要沿着一个主题，保持一个完整的结构，逐步趋向一个明快、自信的邀请，还要把你所祝愿的那个人（或那些人）的名字准确无误地记在脑子里。你的主题可以着眼于被祝愿的人的成就或品质，一件事情的重要意义，伙伴们的乐事，个人的成长或集体工作的益处，等等。无论说什么都要和那个场合相适应。

2. 尽可能地表现出文采

适当地引用诗词、典故、幽默，能使讲话更有感染力。1984年，缅甸总统吴山友访问上海，上海市市长在劝酒词中引用了陈毅元帅《致缅甸友人》的诗句："我住江之头，君住江之尾，彼此情无限，共饮一江水。"大家都知道中缅交界只有一江之隔，两岸人民共饮一江水。话语亲切，表达了中缅两国人民之间的情谊，外宾十分高兴。给领导敬酒时，也应添加一些文化性的辞藻，渲染彼此间的深厚情谊。

3. 真诚地赞美对方

人对于赞美的抵抗力往往是微弱的，特别是在酒桌上，热闹的气氛使得人的虚荣心很容易膨胀起来，而虚荣心一膨胀，人就免不了要做出一些超出常规的"豪壮之举"。另外，在酒桌上赞美领导的酒量或工作成绩，如果对方仍坚持不喝，就会牵涉一个面子的问题，酒桌上众人的眼光会给他造成一种无形的压力：既然你能喝，事业又这么得意，连杯酒都不愿喝，是瞧不起我们吗？这种压力使对方很容易感觉到，因而领导迫于压力也得拿起酒杯。

4. 强调宴请的特殊意义

人逢喜事精神爽，有些人从不喝酒或从不喝得太多，但在一些特殊的喜庆场合就愿意喝两口或多喝几杯，一方面是心里高兴，另一方面也是场合的特殊性使然。

因此，敬酒的下属在敬酒时不妨多强调一下此宴请的特殊性，比如场合的重要性、特殊性，指出它对于自己的价值与意义，这样既能激发对方的喜悦感、幸福感、荣誉感，又使他碍于特定的场合而不得不愉快地再饮一杯，还使得敬酒变为两人之间独特的情感交流方式。

5. 适当用反语激将对方

人都有自尊心，为了维护自己的自尊心，人有时很容易突破常规的条条框框做出某种强硬之举。在酒桌上也是一样，如果能恰到好处地使用反语刺激一下领导的自尊，使其认识到不喝这杯酒将会多么损害自己的尊严，那么对方往往就会"喝"了。

6. 采用以退为进的说法

对于某些酒量委实有限的领导，特别是女性领导，过分地勉强显然是不太好的，那么就不免在饮酒量上做让步，这时，你可以说"领导半杯，我干了"，或者是"领导您喝啤酒，我喝白酒"，以此来说服领导。

7. 劝酒要把握好度

劝酒对于营造氛围具有重要作用。同时，劝酒也是一门艺术。我们常在酒宴上发现这样的劝酒高手，几句"花言巧语"就搞得你明知自己的酒量有限，却还是喝了个酩酊大醉。应该说，既要让对方尽其所能地喝酒，又要活跃气氛，此外还要不伤和气、不损面子，这是一位劝酒者的基本"责任"。

所以，大家在劝酒时一定要把握好度，使劝酒恰到好处。

酒宴是联络和增进感情的重要场所，能够促进双方的情感交流，使彼此的关系更密切、更稳固。一般来说，如果劝酒本身真的能够达到这个目的的话，对方是不会轻易拒绝的。针对这种心理，在向别人敬酒时可以充满感情地强调一下自己对对方的尊重和敬仰，使劝酒变为两人之间独特的情感交流方式。

以礼还礼拒酒，避免陷入圈套

在宴会中或者其他的一些场合，我们常常会遇到这样的情况，对方彬彬有礼地向我们敬酒，并说出一大堆的理由让我们无法回绝，这时候如果我们生硬地拒绝喝酒就会造成气氛尴尬，难免有伤和气。那么，遇到这种情况时我们应该怎么办呢？像下面这个例子就带给我们很多启示。

一日，某市举办招商引资酒会，市招商局局长举杯祝酒。他端起一只小酒杯，桌子上放着一只大酒杯，说道："尊敬的各位来宾，我们十分欢迎各位嘉宾到我市洽谈合作。为了表达我们的诚意，我向各位敬酒。我们这里有一个特殊的习惯，为了表达我们对最尊贵的客人的敬重，我要代表全市200万人民向各位敬十杯酒。这第一杯酒，是一见如故，一切如意，一路顺风；这第二杯酒，是两方合

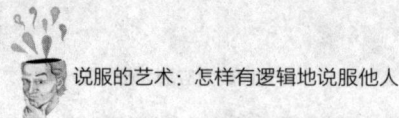

说服的艺术：怎样有逻辑地说服他人

作，双方携手，二月春风；这第三杯酒，是三阳开泰，三星在户，三江深情；这第四杯酒，是四通八达，四面进财，四海升平；这第五杯酒，是五子登科，五福临门，五谷丰登；这第六杯酒，是六六大顺，六韬三略，六合丰功；这第七杯酒，是七鸟朝阳，七杯见底，七色彩虹；这第八杯酒，是八音迭奏，八方风雨，八面来风；这第九杯酒，是九九归一，九天揽月，九色凤鸣；这第十杯酒，是十全十美，十分倾心，十分欢迎。"当然，他在说每一杯的同时，都十分认真地用小杯向大杯里倒上一杯酒。

面对如此敬酒，众来宾大惊失色。简单回绝已无法抵挡，而敬酒者在大家的一片叫好声中将一大杯酒一饮而尽，然后把杯底向客人展示了一下，等着看客人怎么喝这一大杯酒。

上述案例是以礼敬酒的典型范例。案例中局长并没有强劝来宾喝酒，可是来宾如果少喝一杯，似乎对不起人家那代表全市200万人民的十杯酒的深情。喝了这十杯酒，又哪里能承受得了？而谁又能马上说出与敬酒人相似又相对应的以数字开头的这样新颖的祝酒词呢？

其实，对如此敬酒，最好的办法就是以礼还礼，你以礼敬酒，我礼貌地少喝或不喝酒。你用这么多的数字来限制我，让我喝那么多杯酒，我就巧妙地回避这个数字问题来回敬你，不然，就容易陷入对方设计好的圈套中。

礼貌的敬酒得到了礼貌的回答，这种得体、富有诗意的语言赢得了宾主双方的由衷赞赏，都觉得主人敬酒是事先准备好的一套祝酒词，而客人的即兴答词更加精彩。在一片掌声中，大家纷纷举杯，都同意客人只喝一杯。这样一来，一个精心筹划的以礼敬酒的场面就被巧妙地化解了。

酒量不好，坦诚拒酒不失礼

许多人都害怕参加酒宴，一场酒宴下来，往往是喝个人仰马翻的局面，对身体的损伤极大。对于那些酒量不好，却又不得不出席酒宴的人来说，喝酒更是一件痛苦的事情，常常几杯酒下肚就醉了，不仅容易失态，还无法在酒桌上把事办成，这显然是得不偿失的。

庞梅梅是公司的策划部经理，平时经常和客户打交道，许多公司安排的商务酒宴上都会安排她和市场部经理一起出席，以便和客户进一步沟通策划案细节。刚开始参加这种商务酒宴的时候，客户每次敬酒，庞梅梅都不好意思拒绝，常常被客户灌醉，误了正事。市场部经理大为不满，庞梅梅自己也觉得委屈。

庞梅梅把这事向在商务酒宴中久经沙场的好友抱怨，好友却说她酒量不好就该拒绝，不能逞强，不但对自己身体不好，还误了正事，正所谓吃力不讨好。说完，好友还教了她几招拒酒法。在后来的商务酒宴中，庞梅梅就很少出现被灌醉的事情了。

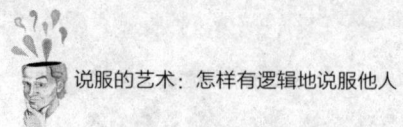

在酒宴上,面对别人的敬酒,酒量不好的你就应该学会拒绝,而不能为了不驳对方的面子逞强喝酒,不但对自己身体不利,还容易误了正事。万一你酒后失态,在对方面前失礼,也会影响自己的形象。

如果你不得不参加酒宴,而事实上你的酒量又不好,那么你应该怎样陪别人才显得周到呢?这可以从以下两种情况分析。

1. 滴酒不沾的人如何陪客

在一些滴酒不沾的人中,有不少人是宴会上陪客的高手。他们在长期的磨炼中,在热情地向客人斟酒的过程中,学到不少陪伴客人的诀窍,其诀窍就是"因为不会喝,所以我就只有一心一意地为客人斟酒服务"。

有的人也会在自己的酒杯里倒些茶,也像喝酒似的一点点地喝,这样也会使气氛很热闹,也有的办事人员装出喝醉酒的样子,讲一些有趣的话逗大家笑。总而言之,办法很多,只要你想做就做得出来。

2. 会喝酒但喝不多的人如何陪客

会喝但喝不多的人最多了。在宴会上这种会喝但又喝不多的人处境是最难的。因为他一方面不可能像一滴酒都不能喝的人那样索性为客人斟酒服务,另一方面他又不能和酒量大的客人干杯痛饮。

酒量小的人不仅要设法控制自己的酒量,还要动脑筋琢磨劝酒的方法。敬酒、劝酒、斟酒的方法愈高明,对方也喝得愈高兴。

宴会上如果对方明知你酒量小而有意把你灌醉的话,

你可以直率地把酒杯收起来,并且郑重其事地告诉对方:"我的身体实在是受不了,请您谅解!"

陪酒量大的客人喝酒之前,最好先多吃些脂肪多的食物垫垫底,以起到保护胃壁及阻止酒精吸收的作用,在喝酒的方法上,开始要少喝一点,然后再逐渐地增加酒量,使自己有个适应的时间。

如上所述,在喝酒时斟酒是大有学问的,公关办事时,应该在这些问题上多动点脑筋、多下点功夫才可以。不要事情还没办好,就已经醉得不省人事了。

六招巧妙拒酒,不伤对方颜面

酒桌上的氛围总是喝酒容易拒酒难,拒绝本身就是一件难事。拒酒的话要说得不让劝酒的人觉得你是故意不给面子或者不让其他人觉得你在故意扫大家的兴,就更不是件容易的事。下面我们介绍几种行之有效又自然大方的拒酒方式。

1. 满脸堆笑,就是不喝

张力大喜之日,特邀亲朋好友前来祝贺,小波也在其中,然而小波平素很少饮酒,且酒量"不堪一击"。酒席上,偏偏有人提议小波与张力单独"表示"一下,小波深知自己酒量的深浅,忙起身,一个劲地扮笑脸,一个劲地说圆场话:"酒不在多,喝好就行。"

"经常见面，不必客气。"

"你看我喝得满面红光，全托你的福，实在是……"

小波如此拒酒的方式结果使张力无可奈何。在酒席上一些"酒精（久经）考验"的拒酒者，任凭敬酒的人说得天花乱坠，他就是笑眯眯地频频举杯而不饮，而且振振有词。这种"满面笑容，好话说尽"的拒酒方式往往能让对方拿你没办法，最后只好作罢。

2. 以其人之道，还治其人之身

小君的朋友吴勇，人很好，就是有一个毛病，喜欢在酒席上盛情劝酒，而且通常采取那种欲抑先扬的劝酒术，先恭维对方是"高人"或"朋友"，再举杯敬酒，让对方骑虎难下。因为吴勇已经"有言"在先，如果不喝，就不配为"高人"，不配做"朋友"。

这天在酒席上，吴勇又故技重演，劝小君喝酒，但小君怎么也不想喝了，于是说："今天你要我喝酒简直是要我的命。如果你把我当朋友，就不要害我了！"

吴勇也不好意思再劝了，小君使用了和他一样的说话技巧，可谓是以其人之道还治其人之身。因为小君的言下之意也很明白：你要我喝酒就是不够朋友！而劝酒者都有一个心理：喝也罢，不喝也罢，口头上都必须承认是朋友，是兄弟。抓住这个弱点予以反击，劝者碍于"朋友"的情面，不得不缄口。

3. 坦白求"从宽"

赵波去参加一个宴会,王刚好久没与他见面了,坚持要和赵波痛饮三杯,赵波说:"你的厚意我领了,遗憾的是我最近一段时间身体不好,正在吃药,已是滴酒不沾,只好请老朋友你多多关照了。好在来日方长,日后我一定与你一醉方休,好吗?"

此言一出,宾客们纷纷赞许,王刚也就只能见好就收了。

事实胜于雄辩,拒酒时,若能突出事实,申明实际情况,表明自己的苦衷,再配上得体的语言,那就能取得劝酒者的谅解,使他欲言又止,辍杯罢手。

4. 夸大后果,争取谅解

饮酒当然是喝好而不喝倒,让客人乘兴而来,尽兴而归。那种不顾实际的劝酒风,说到底,也不过是以把人喝倒为目的,这充其量只能说是一种低级趣味的劝酒术,是劝酒中的大忌。作为被动者,当酒量喝到一半有余时,就应向东道主或劝酒者说明情况。比如,"感谢你对我的一片盛情,我原本只有三两酒量,今天因喝得格外称心,多贪了几杯,再喝就'不对劲'了,还望你能体谅。"

如此开脱以后,就再也不要喝了,这种实实在在地说明后果和隐患的拒酒方式,只要劝酒者明白"过犹不及"的道理,善解人意者,就会见好就收。

5. 女将出马,以情动人

媛媛陪丈夫去参加聚会，酒席上丈夫的好朋友们大有不醉不归的架势。但丈夫身体不好，媛媛担心生性内向的丈夫会一陪到底，而不会适时拒绝。等丈夫三杯白酒下肚，媛媛站了起来，举起手中的酒，对酒席上丈夫的朋友们说："各位好朋友，我丈夫身体不好，两周前还去过医院，医生特地嘱咐说不能喝酒，可今天见了大家，他高兴，才喝了那么多。既然都是好朋友，你们一定不忍心让他酒喝尽兴了，人却上医院了。为了不扫大家的兴，我敬各位一杯，我先干为尽！"

说完，一杯酒就下了媛媛的肚子。丈夫的朋友们，听她说的话挺在理，又充满感情，再看她豪爽的架势，也就不再劝她丈夫酒了。

酒席上，女人拒酒往往更能得到人们的理解，如果妻子能帮着丈夫拒酒，不就是帮丈夫解围了吗？当然这时，一定要慎重，不要贸然代替丈夫拒酒，否则会让人觉得你的丈夫不豪爽，反而有损丈夫的面子。

6. 设下陷阱，请君入瓮

刘某新婚大喜之日，当酒宴进入高潮时，某"酒仙"似醉非醉、侃侃而谈，请三位上座的来宾一起"吹"一瓶。面对"酒仙"言辞上的咄咄逼人，三位来宾中的一人站起来说：

"我想请教你一个问题'三人行，必有我师'，这是不是孔子的话？"

"是的。""酒仙"随即说。

来宾又问:"你是不是要我们三个人一起喝?"

"酒仙"答:"不错。"

来宾见其已入"圈套",便说:"既然圣人说'三人行,必有我师',你又提出要我们三人一起喝,你现在就是我们最好的老师,请你先示范一瓶,怎么样?"

这突如其来的一击,直逼得"酒仙"束手无策、无言以对,只得解除"酒令"。

这一招叫"巧设圈套,反守为攻",就是先不动声色,静听其言,等待时机,一旦时机成熟,抓住对方言辞中的"突破口",以此切入,反守为攻,使对方无言争辩,从而回绝。

当然,这一招最为关键的是"巧设圈套",这需要设局者跳出当时的处境,以旁观者的心态,去看待事情本身。这时,往往会有"闪亮"的圈套跃入思维。酒场上最忌的是"直白""粗鲁"。虚虚实实、实实虚虚是酒场的轴心。

总而言之,我们在饭局中拒酒的时候,一定要注意说话方式。生硬拒绝的话,如"我偏不喝,你能把我怎么样?"这样没准就会和劝酒者发生争吵,而趁着酒疯,一旦争吵起来,很可能就会丧失理性,使喜庆的宴会变成充满火药味的战场。拉开架势的话,如"你逼我喝?好,我今天豁出去了,谁怕谁?"本来是想拒绝,经这么一说,反倒成了挑战,实在是事与愿违。有漏洞可钻的话,如

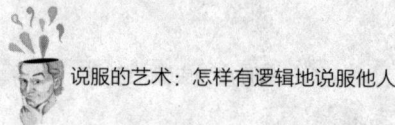
说服的艺术：怎样有逻辑地说服他人

"不用了吧，咱俩谁跟谁？"没准对方会说："就是，咱俩谁跟谁？我的酒你能不喝吗？"

以酒挟情的劝酒术威力巨大，一般情况下令人无法抗拒，如果拒绝，往往是你"不领情"或者"不给面子"。总之，直接拒绝这样的劝酒显得特别伤感情。但实际上，在商务宴会上，这种以浓情作为幌子的劝酒带有很大的欺骗性，但是又不好直接拒绝，所以，采取"以情抵情"法最恰当。

第十一章

爱情的分寸在哪儿

一见钟情,搭讪的话如何开口

对陌生的她(他)一见倾心时,很多人都会觉得欣喜,但同时也会感到紧张,以至于不知道如何开口说话了。怎么跟陌生的她(他)搭讪,才不会让对方觉得你唐突或无聊呢?或者说,怎么搭讪才能使对方对你心生好感,并愿意继续和你交流呢?

其实,很简单,首先,你可以试着观察对方的优点,然后以此为切入点,对对方进行夸奖。

人有喜欢被赞扬的天性,女人尤其如此。恰到好处的赞扬,往往能打开你和她交谈的大门。如果对一个女孩一见钟情,你不妨先细心观察她,发现她的优点,再赞扬她。当然,你的称赞不可太言过其实,否则会给她留下油嘴滑舌的坏印象。

其次,你可以寻找双方的特点,然后从彼此间的共性谈起。

毛鑫和余英在某个培训班上相识，在一次课堂讨论上，毛鑫被余英优雅的气质和聪颖的观点深深吸引住了。

下课后，毛鑫走到余英桌子旁，说："你好，刚才你的演说非常精彩。我很赞成你其中的……"

余英饶有兴趣地和毛鑫讨论了一会儿，这时，毛鑫突然问道："你是哪里人？"

"南京市的，我南京晓庄学院毕业的。"

"是吗！太巧了，我也是晓庄学院毕业的。你是哪一届的？记得，那时学校里……"

于是，双方的共性找着了，毛鑫就从学校生活开始回忆，一场愉快的交谈就此开始了。

"物以类聚，人以群分"，每个人的社交圈，实际上都是以自己为圆心，以共同点（血缘、年龄、爱好、工作、知识层次等）为半径构成无数的同心圆。共同点越多，圆与圆之间交叉的面积就越大，共同语言也越多，也最容易引起对方的共鸣。面对初次见面就动心的她（他），你当然希望你们之间能有尽可能多的交谈，这时如果能找到你和她（他）之间的共同点，自然就能找到共同的话题。

总之，只要你用心观察和寻找，终究是可以找到搭讪的话题的，剩下的就是鼓足勇气，自己说出得体的话来，这样一来，相信对方是很难不被你打动的。

妙用暗示拒绝求爱，委婉不伤人

每个人都有爱与被爱的权利，如果对方请人转告或是暗示，希望与你建立恋爱关系，而你的心里对此人并不满意，那当然要拒绝他。

但是，辞爱的语言要恰当、委婉，既要把自己的意思表达清楚，让对方没有心存幻想的余地，又不要太不近人情。没有爱情但友情还在，对不对？

尤其是对身边的同事或同学，辞掉对方的求爱更应该注意。如果你当时不加考虑生硬地说"不"，或许若干年以后，你会后悔当初辞掉的除了爱情还有你并不应该辞去的友情。

有位漂亮的姑娘突然接到一封情书，一看，是单位里很不出色的小邓写的，"癞蛤蟆想吃天鹅肉"，一气之下她把情书贴到饭堂。你可以想出后果怎样。曾被羞得无地自容的小邓四年后终于找到称心的伴侣，而漂亮姑娘还是孤零零一个人，原来追求她的人都被吓跑了。所以提醒一下，假如求爱者与你要求的条件相差较远，更要注意上面提到的事项，不然对人对己都不利。

拒绝他人的求爱应当委婉。

某医院的护士小刘长得文静而又机灵，大家都很喜欢她。

这天下班，同科室刚从医学院分配来的郑医师对她说："小刘，一起去吃饭好吗？我想跟你说一件很重要的事。"

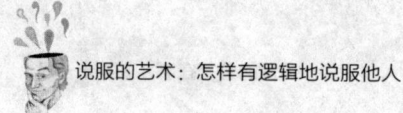
说服的艺术：怎样有逻辑地说服他人

小刘一听，心里便明白了"重要"的含义。于是她笑着说："好哇！我正好找你帮个忙。"

郑医师一听，高兴极了，放松了心情说："行，只要是帮你的忙，我一定两肋插刀。"

小刘又笑了："可没那么严重。只不过是我男朋友脸上生了几个痘痘，我想问你用什么药比较好？"

对于这样的推辞方法，通常情况下都很有效。

因为谁都明白"强扭的瓜不甜"这个道理。再说，这样辞爱大家都不伤面子，"爱"字与"不"字都没有从嘴里说出，只不过彼此心照不宣罢了，日后见面，同事还是同事，朋友还是朋友，并不会在心里设置障碍。

辞爱的方式各式各样，你可以选择最适合自己的，也可以参考他人的。

著名剧作家萧伯纳的辞爱方式，可以说是辞爱的经典。

有一日，萧伯纳收到著名舞蹈家邓肯的求爱信，她在情信中写道："如果我们结合，有一个孩子，有着和你一样的脑袋，和我一样的身姿，那该多美妙啊！"

萧伯纳看了信后，很委婉而又很幽默地回了她一封信，他在回信中说："依我看，那个孩子的命运不一定会那么好，假如他有我这样的身体，你那样的脑袋岂不糟糕了吗？"

其实，萧伯纳这种委婉且幽默的暗示方式非常适合用于同事或是同学中间,能在谈笑风生中让对方明白你拒绝他的意思,这是再好不过的说服术了。

女追男,想得手就要会"调情"

如何和男人交谈?聪明的女孩都会想到这个问题,为什么很多女孩的谈话很吸引男人?就是因为这些女孩会"调情",会与男人沟通。

会与男人沟通的女孩,通常把约会当成一种积极而快乐的经验,所以她很容易和男人打成一片。

女孩通常不会拒绝求偶的"游戏",相反,她们却在其中自得其乐。

聪明的女孩会主动创造机会,而不是等待机会。她们享受求爱的整个过程,这个过程浸透了她们的耐心和技巧。

如果你追男人,要记住耐心和高明的技巧是最重要的。

有一个女孩住在一家医院附近,她看中了一个医生,苦于难以接近他,于是她想到一个方法。

有一天,女孩双手抱满东西,和迎面匆匆而来的一个人撞个满怀,东西散落一地。

这个人当然就是那个医生,他为自己的不小心连声道歉,同时帮她捡起散落的物品。女孩一脸害羞又通情达理地说:"没关系,你也是太忙碌了,才弄成这样嘛!"

初次的计划成功后,女孩每天在医院下班时间牵着小狗在附近徘徊。几天后，她又遇上了那个年轻医生，两个人攀谈起来，不久便开始约会，慢慢地成为恋人。

就像上面例子中所言，顺利闯入他的视线后，你面临的下一步就是约会。很多女孩因赴约而感到紧张。对此，不妨记住一个秘诀：把紧张诠释成兴奋。

你应当注意不要产生这种错觉，即在约会之后，你们"必须"互相接受对方。这种生硬的规则，使男女双方都不能轻松自然地交谈。

如果你和人交谈时，心里也不要总想着绝不随便向男人让步，你太固执是不会得到他的尊重的。而只有当你放弃这种可以引发"战争"的态度，你才能真正获得快乐。

聪明的女孩和男人交谈时，不是短兵相接，而是自由自在。

放松自己，开心交谈，接纳话题，并不是要求失去自我，而是一种聪明的态度。

聪明的女孩不会等待，她会把和男人约会、谈话当成一种乐趣。她明白男人对她说的每句话的真正含义。因为一句玩笑，一句对工作的怨言，都可以泄露出男人内心的问题和麻烦。

在谈话时，你不要认为，只要开口，就得意味深长，不然就闭口不语，这在求爱时行不通。"空洞的"但"讨人欢心"的交谈，才是求爱的最佳语言。

不论是开场白还是在交谈中，只要你不炫耀才华或故弄玄虚，交谈就容易多了。

开场白最好的策略,就是尽快地向男人进行简单的问候。一般的女孩都很多嘴,这是女人的天性使然。

如果你很聪明,你要尽量少讲话,少做没有必要的长篇大论。只要你们语言挂上钩,整个约会交谈起来就很随和了。

在你与男人交谈时,不要总是在对面站立或对面坐着,你可以时而将身体转向外侧,这样可以减少你对他的压力。

你的目光也不要紧盯着他,你可以将目光转到别处去,这样你的目光看上去对他就没有威胁了。

刚开始交谈时,最好的策略是不要直接提到"你个人",而要提那些你们共同见到、感觉到或心里都知道的东西,即你们的"共同的焦点"。

"共同的焦点"可以拐弯抹角转移视线,"共同焦点"可以是古典音乐、世界名著、名酒等。

"共同焦点"是交谈中的催化剂,你可以通过"共同焦点"这个间接的注意中心给你们的交谈找到一条捷径。

当你自然而然地使一场约会对话开始之后,你就进入了一场收集微妙语言的"战壕战"。

这是迷宫一般的交谈阶段,你们彼此都巧妙地诱使对方打破坚冰,从而进行滔滔不绝的对话。

这时你讲的话最好实事求是,任何伪装和欺骗都无济于事,只有客观事实才最引人注目,最有效的谈话就是彼此真诚相见。

交谈本身在求爱中十分关键,但不会有禁区。交谈对于互相喜欢的人来说并非难事，有时一开口，就很难住嘴。女孩在与喜欢的男人交谈时会减弱音量，更显得温柔。聪明的女孩把潜在力量都隐藏在这种温柔中，使她既能表现"温柔"，又能懂得"倾听"。男人是很需要女孩的倾听的，女孩听他倾诉时，他会感觉很舒服。另外，你要记住，即使你批评他，也要温柔，男人都不喜欢犀利的评判。

用甜言蜜语拴住恋人的心

沐浴在爱河中的人们，其字典里是没有老套的字眼的。有的，往往是那些能增进感情的"甜蜜蜜"。在这个时候，任何海誓山盟，"爱你爱到入骨"之类的话绝对应该去说，不必怕肉麻，除非你并不爱他。

与他久别重逢的时候你可以讲："好像在做梦，多么希望永远都不要醒。"

你用充满爱意的眼神望着他："总是惦念着你！别的事我一概不想……我的感觉，好像一直跟你在一起。"

这是"无法忘怀，时常忆起"的心境，只要谈过恋爱的男女，一定有此经验的。除了他，任何事都不放在眼中，总是想念着他。上面那句话不用怕羞，可以反复使用。相爱之初，热烈的甜言蜜语绝对不会使人感到厌烦，也许还认为不够呢！

"你喜欢我吗？"你不妨大胆地问他。

"说说看,喜欢到什么程度?"你可以用这样的语气追问。

"请你发誓,你会永远爱我!"你甚至可以单刀直入地这样对他撒娇说。

"世界是为我们而存在的,对不对?"

"我爱你,为了你我可以抛弃一切!你也是这样吗?"

"你不会抛弃我吧?如果你抛弃我,我会寻死!"

还有许多甜蜜的爱语。有很多女性使用如此甜蜜的词句接二连三地向男性表示"永远不变的纯真爱情",女性便会沉浸在自我陶醉之中,而男性的反应也会是积极的。但如果他流利地说:"可以发誓,我永远爱你一人。纵使海枯石烂,爱情也永不变!"一定表示他并不重视你,因为他对任何女性都这么说。

普通男性会说:"又来了!"感到畏缩与失望,口中哼哼唧唧无法明确回答,心中还想着其他的事,譬如音响得分期付款……

"对永恒不变的爱无法负责。"事实上,这才是男士的真心话。

当然,在爱情上"我爱你"的言辞用得过多,未免有庸俗之感,倘若你换用"我需要你"就显得有实际的感觉。"需要"与"爱"所表现的感受,对男性而言,似乎前者胜于后者。

另外,不同的场合,恋人们的甜言蜜语也是不同的。

1. 大庭广众之下的甜言蜜语

一提起甜言蜜语,很多人都会将它同隐私相联系,总是感觉只有两人独处、耳鬓厮磨时才会有甜言蜜语。其实不然,甜言蜜语,不仅仅包括"我爱你""我想你"之类的柔情话语,同时也包括那些只有两个人才懂得的"私人用语"。情侣之间的甜蜜称呼,如彼此互相起的绰号等,就属于这类"私人用语"。其中的意味只有你们两个人知道,外人无从知晓,即使在大庭广众之下说出来也无伤大雅,还会增进感情。

2. 久别重逢的恋人间的甜言蜜语

俗话说,小别胜新婚。热恋中的情侣在还没有走入婚姻的殿堂之前,这时候的感情往往十分单纯、火热。当经历了小小的分别,再度重逢,所有的关怀和问候,都化成了甜言蜜语。这时候,怎样直白的表述也不为过。你可以说:"你真的回来了,我不是在做梦吧?如果是做梦,我宁愿永远也不醒过来。"你也可以拥着你的爱人对她说:"跟你在一起的感觉真好,我们再也不分开了。"这种久别重逢的感觉,恐怕是只有经历过的人才能体会得到,在此时使用任何甜言蜜语都不用怕羞。

3. 分处两地的恋人间的甜言蜜语

老天有时候似乎总是给相恋的人一些考验,以此来验证一下他们的感情是否牢固,将一对热恋中的情侣分置两地就是它常用的一种方法。一对热恋中的情侣,本来就是"一日不见,如隔三秋",现在偏要将他们分开(分开的原因有很多:工作调动、出差、求学等),确实是件痛苦的事情。这时候双方都需要来自对方的关怀和抚慰。甜言蜜语的"电话粥"肯定是不能少"煲"了。不过,身处两地,思念之情溢于言表,这是人之常情,也是情感的真实流露,丝毫不会给人以做作、肉麻之感,相反还很令人感动,这时候的甜言蜜语已经成了双方的肺腑之言。

爱情是甜蜜的,甜蜜的爱情是需要用甜言蜜语表达出来的。例如,女孩子都喜欢嘴巴甜的男孩子,就是因为她们喜欢听这些男孩子的甜言蜜语。所以,两人在一起的时候,要多说一些甜言蜜语,这样就能够用甜言蜜语来拴住对方的心。

把握斗嘴的分寸,他会更喜欢你

有过玩碰碰车经验的人都知道,其中的乐趣全在于东碰西撞、你攻我守,这种游戏的新鲜与刺激绝非四平八稳的行车能比的。在许多青年恋人中,尤其是有较高义化素养的情侣们中间,有一种十分独特、有趣的语言游戏,很像这种碰碰车游戏,那就是"斗嘴"。

恋人之间斗嘴具有哪些特点呢?

第一,目的模糊。恋人间斗嘴一般并不是要解决什么实质性的问题,做出什么重要的决定,而仅仅是借助语言外壳的碰撞来激发心灵的碰撞,从而达到两颗心的相知与相通。因而恋人们常为一句无关紧要的话,一件微不足道的事"斗"得不可开交,局外人很难领会到其中的奥妙与乐趣。

第二,形式的尖锐泼辣。恋人间的斗嘴从形式上看和吵嘴很相似。你有来言我有去语，你奚落我，我挖苦你，毫不相让，"锱铢必较"。但与吵嘴不同的是：斗嘴时，双方都是以轻松、欢快的态度说出那些尖刻的言辞，有了这层感情的保护膜，斗嘴就成了一种只有刺激性、愉悦性却无危险性的"软摩擦"，成了表现亲密与娇嗔的最好方式。

正因为斗嘴具有形式上尖锐而实质上柔和的特点，它就比直抒胸臆式的甜言蜜语有了更大的展示情侣间真实感情与丰富个性的空间。不过，斗嘴既然是一种游戏，就有它的规则。千万不可因为刻意追求效果，而不顾一切。

1. 要顾及对方的心境

斗嘴虽然是唇枪舌剑的交锋，但也需要有一个宽松的环境，才能享受它的快乐，因此斗嘴时要特别注意恋人当时的心境。大家都有这样的体验，心情愉快时，可以随便耍嘴皮、开玩笑。但如果你的恋人正在为工作调动没有结果而一筹莫展时，你却来一句："你怎么啦？满脸旧社会，像谁欠你八百吊钱似的。"她准会埋怨你："人家烦都烦死了，你还有心情取笑我，我看你是没心没肺，一点也不关心我。"这样，斗嘴的味道就变了。

2. 要把握好感情的深浅

谈话有一个总的原则。"浅交不可深言"这话同样适用于恋爱中。如果双方还处在相互试探、感情朦胧的阶段，最好不要选择斗嘴的方式来增加了解。因为毕竟你对对方的个性还不是很了解，容易产生不必要的误会，而且很容易将斗嘴演化成辩论，那就更大可不必了。要想以斗嘴来加深了解，可以选择一些不涉及双方感情或个人色彩的一般话题，如争一争是住在大城市好还是隐居山林好，斗一斗是"左撇子"聪明还是"右撇子"聪明等等，这样双方可以不受拘束，"安全系数"也大。如果已是情深意笃，彼此对对方的性格特点都比较了解，斗嘴就可以嬉笑怒骂百无禁忌了。

3. 不要伤及对方的自尊

恋人间斗嘴，最爱用戏谑的话语来揶揄对方，往往免不了夸张与丑化。但是这种夸张与丑化，也要照顾到对方的自尊，最好不要涉及对方很在乎的生理缺陷或挖苦对方很敬重的人，更不可攻击他（她）很敬重的父母或偶像，也不要挖苦对方自以为神圣的人和事，否则就有可能自讨没趣，弄得不欢而散。

"你说，你最崇拜谁？"

"我最崇拜我爸爸，他是个真正的男子汉。什么伟人、英雄，他们都离我太远。"

"这么说你爸爸就是你心中的上帝？"

"那当然，你不服气？"

"你这个上帝只不过是个小职员，有什么了不起？"

"好啊，你看不起我，我，我今天算把你看透了……"

如此这般斗嘴就得不偿失了。

此外，现在的年轻人心目中都有自己的偶像，这偶像的地位可是很高的，你可千万不要在斗嘴时攻击他的偶像，否则你会很惨的。

第十二章

父母就该喜欢你吗

如何说才能让女方父母喜欢你

可以毫不夸张地说,首次拜见女方父母时,你的表现会影响到自己的一生幸福,这种情况下如何说话,也是需要讲究技巧的。

有的父母或许对未来女婿的外貌、家庭背景不做过高的要求和挑剔,却对学历及事业上有没有发展前途比较关注,因此他们考察你的时候,希望你能不断学习,取得更高学历;或者在事业上有所追求并渴望有所建树。如果你恰恰在这两方面立有雄心壮志并确实在努力着,那么他们就会认定你是可造之才,对你未来的前途充满信心,把女儿托付给你,他们也就大放其心。

"伯父、伯母,身体还好吧?前一阵子,白天上班,晚上准备考研,实在太忙,这两天考完试才得以抽空专程来拜访你们,你们不会见怪吧?""我们科学院正在进行一项重大的技术研究,我报了名,等我研究生毕业,取得研究生文凭就可加入技术攻关小组。这个攻关小组的组成人员都是科学院里最有经验的专家及技术人员,我想一定能从他们身上学到许多有益的知识和经验。伯父、伯母,你们认为呢?"

有些父母本身就是好好先生,肯定会点头称好。他们知足常乐,对什么都不刻意要求,对女婿也一样,只要他有健康的身体、善良的心地,对女儿细心、贴心就行了。对于这样心理类型的父母,只要你能在初次拜访时有足够的语言去表达你如何爱他们的女儿,将来也一定会好好爱护、照顾他们的女儿,使他们无后顾之忧就足够了。

"伯父、伯母,你们好!虽然我和萍萍认识不足1个月,现在来拜访你们显得有些冒昧,但我觉得萍萍是非常好的女孩,想必她的父母也是很好,所以忍不住来看望你们,你们不会怪我不懂事吧?再过6天,就是萍萍24岁的生日,今年是她的本命年,一定要好好庆祝的。我和父母商议,准备在萍萍生日那天,邀请你们全家在美食城吃顿便饭,一则为萍萍庆祝生日,二来也和你们二老聚一聚,以便今后常来常往,互相照应,就当多了门亲戚,不知你们意下如何?"

以上的表白在相恋不足1个月的时间里,就主动邀请女方父母和自己的父母相见似乎显得过于轻率,但在他们看来,真难为你的一片痴心。虽然在他们眼里,你或许还有点孩子气,但你的赤诚和负责任的心态会让他们喜欢,同时你还表现出了自己的细心和周到,他们一般都不会太为难你。

说服的艺术：怎样有逻辑地说服他人

对于有女儿没儿子的父母来说，他们一般不太愿意女儿嫁出去成为别人家的人，他们指望着女儿给他们养老，所以自然希望女婿能成为自己的半子。再加上平日里一向没有重劳力，所以希望女婿勤快、有眼力、肯吃苦，如果没有条件同住，最好也能常来常往，不使二老觉得寂寞、无依无靠，所以他们在挑选女婿时就往往较注重这些方面。你如果看中了这样人家的女儿，就必须有这方面的心理准备，同时还要努力给他们留下手脚勤快、憨厚朴实、心平气和的印象。如果你能讨得他们欢心，你自己也会受益无穷，因为他们会把你当亲生儿子一样看待。虽然你付出了一些心力、体力，但你得到的将远远超出你所付出的，你会是这样家庭里的真正的主人。所以初次到这样的人家去拜访，你最好少说多做，要察言观色，尽力施展出做家务、体力活的本领，让他们充分感受到有你和没你就是不一样。

"伯父、伯母，你们好！我听娜娜说，伯母近来身体不大舒服，所以随娜娜一道回来看看您。像你们这把年纪的人，有什么病痛之类的，最好还是去医院好好检查检查，不能老挺着。我妈妈认识一个好大夫，什么时候我带您去好好检查一下，这样也好放心。"

"冬天快到了，还不如趁今天没事，我帮你们买些煤。"

从以上例子可以看出，到这样的人家去拜访，首先自己不要见外，诚恳、实在地把自己当成她家的一员，他们一定会欢迎你的。

有些父母比较爱慕虚荣，他们对未来的女婿有没有才华不太苛求，只对有无钱财非常关心，在他们的潜意识里希望通过女儿这棵"摇钱树"为他们自己招财进宝，以便在左右邻里面前炫耀。对这样的父母，如果你的确有经济实力，不妨满足一下他们的虚荣心。如果你没有雄厚的财力，那么在初次拜访时可以大方一些，买一些礼物。同时在言谈上旁敲侧击地进行规劝，并暗示你现在虽然没有钱财但是日后说不定会财源滚滚，让他们对你未来的经济实力充满憧憬，再加上你很年轻，说不定还真会致富有门，而不至于因为你是穷小子，断然拒绝女儿与你的交往，因此你必须在这一方面有所表示。

"伯父、伯母，你们好！请收下我的一点小小的心意，不知道你们是否喜欢？小敏是一个非常好的女孩子，我很喜欢她。她不像别的女孩那样不重视男友的人品，只注重钱财。我刚刚大学毕业，现在很穷，但我这只是暂时的，我会努力改变这一切的。"

你如果这样处置应付，你的女朋友一定会觉得你很了不起，一定会为你骄傲的。

在你拜见女友父母之前，可以事先让你的女友为你提供一些内部消息，比如她的父母属于什么性格的人，有什么兴趣爱好或特长，尤其是有没有什么嗜好。然后根据不同的嗜好选择一个主要话题，并围绕这个话题多做些准备，掌握和了解此方面的知识内容，便于随机应变、投其所好，进行有效说服，成就美好姻缘。

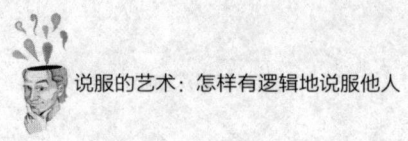
说服的艺术：怎样有逻辑地说服他人

如何说才能让男方父母喜欢你

作为女孩子，怎样才能让男方父母喜欢自己呢？一般男方的家长对女方的人品比较关心。他们大都希望自己未来的儿媳妇温柔、善良、勤快和能干，具有东方传统女性的美德。

现代母亲对儿媳妇的选择标准无疑已经宽松多了，所以，假如你对于家常细务不太了解也不必慌张，不懂的话，你不妨向他的母亲请教。上了年纪的女人，大多乐于指导别人做一些事情，与其使她发觉你太聪明，倒不如使她觉得你文静得有点"傻"。

有些男方家长本身不善言谈，他们已经习惯了家里面的安静气氛，对什么事情都不会喜怒形于色，就算是未来的儿媳妇上门拜访，他们表面上也不过是多了个客人而已，但在心里面，却在细细地对你评头论足，所以你要做好充分的思想准备来抵挡他们那看似淡漠实则探寻究竟的目光，在言谈举止方面要表现得既传统又现代。所谓传统是指：他们在做饭、端菜时要主动伸手帮忙。尽量避免纵声大笑、高声喊叫或当着他们的面跟男友亲热，更不可以当众训斥男友或者耍性子、任性、撒娇、生气等。所谓现代是指：你要有你这个年龄应有的活泼和开朗，能让他们感受到你的青春气息和色彩，既端庄大方又活泼快乐，表现在说话上要口齿清晰、表情温柔、略显羞涩，并对他们尊重有加。

　　有的男方家长爱子心切，急于给儿子找媳妇，好传宗接代，因此他们不大挑剔媳妇什么，只要儿子喜欢，肯带回家来，那他们简直把你当神仙似的捧着，生怕一得罪你，他们儿子就找不着媳妇。对于这样的家庭，你要以好换好，以诚换诚，能进入这样的家庭，只要你稍稍顾全大局一些，便绝对是进了福门，跟你在娘家没有丝毫的区别，甚至比在家更得宠。虽然是初次探访，但他们对你的热情足以使你消受不起，所以你说话时不妨也活泼、有趣一些。

　　"伯父、伯母，我初次来访，你们就把我当闺女一样对待，真让我好感动！"

　　"自从我和富康谈恋爱以后，他就多次说到你们如何好，真是耳闻不如一见。也怪不得富康说你们好，你们太宠他了，小心把他惯坏了。"

　　"他曾说过我不如伯母对他好，看样子我还真比不上您的细心，瞧您，吃完饭碗都不舍得让他洗，来，我来帮您吧！"

　　从上面的例子可以看出，你可以很自然地使自己成为非常欢迎你的人家家中的一员，不要辜负人家待你的一片诚心，更不能故作清高，冷淡或伤害人家的真心诚意，否则的话，你一定会后悔的。

　　如果你找了一位年龄跟你相差较大的男子做你的恋人，那么当你去拜见他的老父老母时，或许他们会因为不大信任你而冷淡你。那你一定不要沮丧、气馁和委屈，因

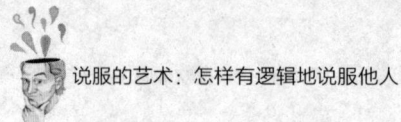

说服的艺术：怎样有逻辑地说服他人

为这是人们很正常的心理状态，你完全可以用你的言行让他们感受到你的诚恳和可信，而千万不要恃小撒娇，惹得他们反感。

"伯父、伯母，你们好！二老身体都还很健康吧，看上去挺硬朗的，也挺精神的，比我想象的要年轻许多。我过完年要到深圳去一趟，你们需要什么尽管说，不要客气！等我什么时候有空闲给二老一人织件毛衣，我织毛衣的水平还可以，克正身上的毛衣就是我织的，伯母您觉得怎么样？我什么家务活都会干的，所以你们有什么需要我干的，就让克正叫我好了。"

不管他们待你的态度如何，你都要客观、冷静地对待，这多少包含了你对他们儿子的爱，所以他们很快会接受并喜欢你的。

一个女性最优秀的品德就是宽容大度、和颜悦色、端庄开朗，如果你具备这些优点，那么任凭什么样的家门你都能叩开；任凭什么个性的父母的心你都能打动。但要注意的是，他们在对你进行考察、探测的同时，你不妨对他们也做个猜测，所谓将心比心。如果他们在你做到了上述几点后，还依旧不欢迎你的话，或许其中隐含着什么苦衷或不为人知的缘由，那你说什么都多余，反而增加彼此的心理负担，所以最好的方式就是沉默或找借口一走了之。至于他们的儿子，你不妨再多考察一段时间，再确定你们是否进一步发展。

父母吵架时如何劝说

世间最美满的家庭也难免会有矛盾,父母发生摩擦闹矛盾,甚至公开吵架时,作为孩子的你该怎么办?其实,最重要的是你要当好中间人,因为在任何家庭中,父母、子女之间的关系总是最亲密的,子女是父母感情的纽带,在父母面前,孩子始终处于被爱护、被关心的地位。

有一位教育家这样说:"我小的时候,隔壁邻居家夫妻两个经常吵架,而他们吵架的时候两个孩子通常只是在一边傻傻地看着,或是流泪,夫妻俩总是小事吵成大事,大事就更不得了,一直到有人劝为止。"通常夫妻吵架,有时会陷入双方谁也不服谁的僵局。这个时候如果孩子能很好地劝架,那么夫妻的吵架问题就很容易解决。

所以当父母争吵时,我们绝不可以意气用事。不能把自己置于局外人的地位,对父母的争吵毫不过问,冷眼旁观,自称"小孩不管大人的事";也不能不分青红皂白地跟着大吵大闹,把父母双方都责怪一通,最终两个人吵变成三个人吵。

张浚是家里的独生子,平时仗着父母的溺爱,他对父母说话时很少注意礼貌。有一天,张浚父母因为他们的朋友结婚送红包的事发生了口角,一个说送的多,一个说送的不多,张浚不耐烦了,大声对父母说:"不就是送个钱吗，值得你们吵来吵去的吗，烦死了。"父母听了更加生气了，只听见妈妈说："你知道什么，一送就是500元，钱有那么容易赚吗？"爸爸也开口了："烦就滚出去，老子养了你半辈子了，还嫌我烦。"

就这样两个人吵变成三个人吵了。其实，这时父母最需要的是子女的安慰，张浚应立即做好劝说工作，这时不妨对父亲这样说："爸，您不是一向都对人宽宏大量吗？现在怎么和您老婆这么计较啊。"相信他听了这样的话，肯定会为这幽默的语气而开口大笑，一场家庭纠纷也就会化解于无形之中。劝母亲时可以这样说："我爸那边早已经妥协了，他也觉得自己有错的地方了，正准备去菜市场买些大闸蟹（当然是母亲喜欢吃的，而又不舍得买），给您做一顿好吃的晚餐呢！"相信妈妈会因为大闸蟹太贵而去阻止父亲，这样，不就能轻易化解父母之间的矛盾了吗？

任何夫妻都有吵架的时候，这时孩子的态度通常是很重要的，因为没有父母不疼自己的孩子，所以他们往往会因为孩子的一句话而"休战议和"。

父母吵架时，我们千万不能冷眼旁观，更不能也跟着大吵大闹。要一碗水端平，不能偏袒一方，有意或无意地站在父亲或母亲的一边，指责对方。劝架时最重要的是安慰，应创造各种机会，为双方搭桥，暗中巧妙周旋说服，让双亲言归于好。劝架时无论面对什么情况，对子女来说，都要十分耐心，不能操之过急。

面对父母的打骂时该怎么说

随着社会的进步、人们文化素质的提高，父母对子女打骂、体罚的现象越来越少。但是，"少"不等于没有，这种现象仍时有发生，甚至出现了因子女考试成绩不理想而被母亲打骂至死的案例。当然，这是极个别的现象。

有一种说法叫作"棍棒出孝子"，就是说适度的打骂，对孩子的成长有利。有很多家长受到"棒下出孝子""不打不成材"观念的影响，偶尔会打骂体罚子女，个别脾气暴躁的家长动辄对孩子拳脚相加。

人的生活道路可以选择，但父母和家庭却不能选择。如果遭到父母的打骂、体罚，作为子女应该怎么办呢？

首先，要理解父母的心情。父母体罚孩子多半是出于孩子不争气、不努力，辜负了他们的期望，由怨恨导致打骂，是想唤起你的觉悟。我们应该理解父母的举动，找找自己的原因，不要与父母计较态度，主动向父母承认错误。一个真正懂事、孝敬父母的孩子是不会计较父母行为的，应该更多看到自己的过错给父母带来的伤害，体谅父母不正确做法中的合情合理成分，看到隐藏在打骂背后的一片苦心。

如果挨打是由于父母性情粗暴、教育方法不当，就要做必要的解释，比如"您对我的期望我理解，但这种暴力的教育方式我很难接受"等，但说这番话时最好在他们发怒之前，或事情过后父母心情平稳下来，如果选在父母正在气头上时辩解只能是火上浇油。

其次，不要自作聪明。无论在何种情况下挨了打，都不能赌气，产生对立情绪，说出"你们不配做父母""我以后再也不进这个家"诸如此类的话。这样的话不但会使父母更伤心，还会激化矛盾。

有些人，特别是青少年对父母的打骂心里不满，表面却装得无所谓，为免受皮肉之苦就以消极的态度应付父母，能瞒就瞒，能骗就骗，报喜不报忧，这样做的后果也是很难想象的。

有的时候，父母可能冤枉了你，但这时正在气头上，你不要大声与父母争吵，有理不在于声高。你应该尽可能平静地承认自己存在的毛病，同时说明事情的原委。

父母打骂孩子，一般都是为了孩子好，出于一种"恨铁不成钢"的心情。虽然受到父母的打骂时，我们都会觉得不舒服，但更要想到并理解父母打骂我们的原因和心情。

我们应该学着从积极的意义上去理解别人的行为，大多数时候别人的批评都是善意的，都是出于对你的关心。每个人都会有认识不全面、犯错误、误解人的时候，父母不是圣人，教育方式可能不对，我们只要抱着宽容的态度去理解父母，与其沟通，减少因为逆反心理产生的冲动，自己与父母的关系就会慢慢变得和谐融洽。

与父母产生分歧怎样求得谅解

在现代社会中,许多子女都说与父母有代沟。的确,父母与孩子之间常常会产生摩擦,这种摩擦多是因为两代人之间存在思想分歧,解决起来不大容易。而偏偏长辈大多固执,后辈又很执拗,所以矛盾屡有发生。

在这种情况下,作为子女,要说服父母,就需要一定的语言技巧。

父母对子女的未来都寄予厚望,望子成龙、望女成凤是他们梦寐以求的,而且在日常生活中,他们也常常教导子女要敢闯敢干,将来要做一个有作为、有成就的人。因此,在说服父母时,如果你提出的意见与他们的目标一致,成功的概率就很大了。

有一位刚毕业的年轻人在一家公司找到一份工作,而父亲不同意儿子的选择,并托人给他联系某国家机关。这个年轻人说:"这个公司我了解过了,很有前途,生产的是高科技产品,和我学的专业很对口。再说,国家机关好是好,可是人才济济,我到那里要想干出一番事业,恐怕机会不多。可是,在这个公司就不同了,我去那里,总经理要我马上把技术工作抓起来,这是多好的机会。我都大学毕业了,是该独立思考的时候了,我想您一定会支持我的。"

如果用这样的方式与父亲沟通,即使他心里可能仍然存有疑虑,但却会认真考虑,并最终接受儿子的看法,因为儿子考虑事情的角度和自己是一致的。

一般说来,父母很注意自身的尊严,对说过的话不会轻易失信,而且会及时兑现。所以,在说服他们时,就可以适当利用这种心理,用他们的话作为自己的旗帜,很容易就会成功。

有时候,虽然父母和我们的想法会有些不同,但做儿女的还是应该真心实意地爱他们,关心他们的冷暖和健康,为他们分忧解愁。这样,你也就会有许多机会来说服你的父母,有了诚恳、礼貌、亲切的态度,话自然而然就会说得顺耳,讲得动听了。

人与人之间应该互相尊重,子女对父母更应该如此。而这种尊重,很重要的一个方面就是经常向老人请教和商量问题。许多事情,应该经常及时地与父母商量,听听他们的意见,这对我们来讲无疑是有好处的。

第十三章

孩子就要用爱喂大

巧妙利用孩子的好奇心来影响他

众所周知,《哈利·波特》的孕育者J.K.罗琳女士因为这套书一跃成为全英国最富有的女人。根据此书拍摄的电影同样火爆,从《哈利·波特与魔法石》到《哈利·波特与死亡圣器》,观众云集,魅力持续,蝉联北美票房冠军。

当我们随波逐流地追捧《哈利·波特》的时候,是否考虑过,无论是书籍还是电影,它们为什么有如此大的影响力?竟然如此吸引着人们?难道是哈利·波特这一人物有着鲜为人知的魔力?

不知道你是否发现,J.K.罗琳在创作《哈利·波特》第一集时,就已经为后面的持续创作埋下了伏笔,各集环环相扣,矛盾迭起,险象环生,吸引着读者去猜测、幻想、推理故事的下一节,严格的保密工作更是营造了一种神秘氛围,使所有读者看完了一集就开始陷入了下一集的期待之中。而驱使这一切顺理成章发生的，无非是我们的好奇心。

我们再来看看《哈利·波特》在营销前所制造的神秘。只要稍微关注下《哈利·波特》的相关报道，你就能发现，悬念成为推销"哈利·波特"最好的"魔法"，"哈利·波特的好朋友中究竟是谁去世了？他与谁谈恋爱了？校长那么厉害怎么还会死？"这一系列"吊胃口"的做法让出版商与发行商屡试不爽。在《哈利·波特》第5册的书展上，作者J.K.罗琳对一群年轻书迷幽默地说："他（哈利·波特）将在第7册里活着，但我不能说他在最后的结局中是否会长得大一点"，她在每册书推出之前都拒绝向读者透露书名，给读者更多的想象与渴望。中国图书进出口上海公司的徐先生曾指出："罗琳在写完前4部之后，整整停了两年才推出'凤凰令'，其实这是一个非常好的时机。""连续地强烈刺激读者之后，突然停顿两年，让这些读者在未产生厌恶之前，又充分获得积蓄阅读欲的时间，而今年，这种对续集的渴望已经达到了峰值，他们完全把握住了读者的心理。"看来，人们的好奇心给《哈利·波特》带来了无限的商机。

我们再来看看《哈利·波特》的一系列电影。很多看过书的人仍旧要到电影院再次体味一下故事情节，这是为什么呢？据说，罗琳女士曾表示会把她在小说构思中未采用的一些情节补充到电影里，这个悬念无疑会吊起众多哈利·波特迷的胃口。同时，每一集电影也像书一样，在非常激烈、动人心弦的时刻，又给下一集埋下伏笔，让好奇心驱使观众热切地期待下一集的出现。

《哈利·波特》走红的典例，深刻地告诉了我们，抓住他人的好奇心，你对他的影响将是巨大的。你一旦引起了对方的好奇心，就等于抓住了对方的注意力，当对方对你产生了兴趣，你自然就好办事了。

例如，你想把自己的经验告诉孩子，避免孩子走歪路，但是孩子不一定有兴趣听，所以这个时候你不能以"妈妈小时候""爸爸小时候"这样的话语开头，而要以讲故事的方式来特别强调它的独特之处，哪怕是很小的一方面，一定会比平平凡凡地说一大堆道理更吸引孩子，而一旦激起孩子的好奇心，让他们明白是非对错就会容易很多了。还有，如果想转移孩子对某些不良事物的注意力，你不妨找一些能引起孩子好奇心的事物，或者讲述一些能引起孩子兴趣的故事，这样就可以把孩子的注意力适当转移了。

孩子天生都有梦想。当孩子有梦想时，父母应为此感到高兴，并且及时给予肯定、鼓励，因为这正说明了他们对客观世界已经产生了强烈的兴趣和旺盛的求知欲，说明了他们将来可能会成为一个有出息的人。一个人心中拥有了梦想，就会在希望中生活，投入他们全部的努力，并不断地创造生命的奇迹。

别对孩子发号施令，改由建议或提问

卡耐基认为，拼命地指示他人是没有什么好处的。从

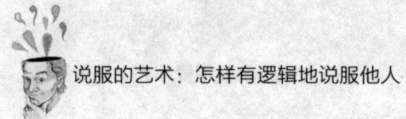
说服的艺术：怎样有逻辑地说服他人

内心来讲，每个人都喜欢指挥他人而不是听命于别人，但出于工作的安排，非得有人去命令他人，也有人要听命于别人。然而问题是有些人的命令让人根本难以听下去，更别说从内心接受了。一般来说，当我们命令他人时，最好多一些疑问句而非祈使句，让对方感到你既是在征求他的意见，同时也是在安排他去做某事，并且要求一定要完成。

著名的资深传记作家伊达·塔贝在写《欧文·杨传》的时候，曾和一位与杨先生共事三年的人谈话。这位先生宣称，他从未听过杨指使别人——他只是建议，不是命令。譬如，欧文·杨不会说"别这么做，别那么做"或"去干这个，干那个"，他只会说"你可以考虑这样"或"你觉得那样有用吗"。他常常在口授一封信之后说："你觉得这样如何？"在接过助手写的信之后，他会说，"也许这样写比较好些。"他从不教助手做什么，而让他们自己去做，让他们自己在错误中学习，了解到自己的不足。

这种办法容易让一个人改变自己原有的观点，保持个人的自尊心，给他人一种自重感，这样他就会与你保持合作，而不是反对。

伊安·麦当劳是南非约翰内斯堡一家小工厂的总经理，他的工厂专门制造精密仪器。有人愿意向他们订购一大批货物，但要麦当劳先生确定能如期交货。由于工厂进度早已安排好，能否在短时间内赶出一大批货，连麦当劳自己也不敢确定。

麦当劳并没有催促工人赶工，他只是召集了所有员工，把事情详细说明了一番，便开始提出问题。

"我们有什么办法可以处理这批订货？"

"有没有什么办法可以调整一下时间或个人分配的工作，以加快生产进度？"

"有没有人想出其他办法，看我们工厂是不是可以赶出这批订货？"

员工们纷纷提出意见，并且坚持接下订单。他们用"我们可以做到"的态度去处理问题，结果他们接下了订单，而且如期赶出了这批货。

谁都讨厌被人命令，受人指使，即使是你的孩子也会如此。"杰克，别整天只顾着玩，快去复习功课！"虽然他嘴上说："知道了。"却总是磨磨蹭蹭，不见实际行动。你在餐厅里对服务员说："喂，拿杯咖啡来。"他可能会答道："好的。"却迟迟不见咖啡送上来。

嘴里答应了却不去行动的人，必有他的某种原因存在。其主要原因就是，人都讨厌被人指使，尤其是处在叛逆期的孩子，他们总是在潜意识里会对命令和指使反抗。他们总希望自己能够主宰自己的事情，若经别人催促，即使口中答应了，但在某种地方却残留着反抗，成为实行的障碍物。所以，老师和家长对孩子说话时，就请记住这一

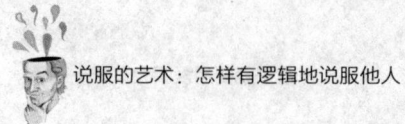

说服的艺术：怎样有逻辑地说服他人

要诀：用提问或者建议的方式代替直接命令。

作为父母，应该除掉多余的担心，尽可能让孩子接触到各类东西，让孩子自己去体验各种各样的经历。每个孩子都有自己的选择方式，都有自己的想法，都有自己的定位，每个孩子的世界都是一个相对独立的世界。对生活的环境，孩子已经逐渐形成自身的一套处事方式，家长不要过于强求孩子去做一些他们不愿做的事情。如果父母使用命令的方式，强制性地要求孩子什么可以做，什么不可以做，这会让孩子陷入无奈的境地，导致他们更多的反抗。

骂孩子"不争气"，不如说"你很棒"

作为父母、老师，经常会碰到"不争气"的孩子和学生。这时应该怎么做，横眉怒对吗？这只会增加他的叛逆心理。比较好的一种办法是告诉他：你很优秀。人们大多数时候需要的是激励，而不是责骂。

纽约布鲁克林的一位四年级老师鲁丝·霍普斯金太太，在新学期开学的第一天，看过班上的学生名册时，她却对本该兴奋和快乐的新学期心怀忧虑：今年，在她班上有一个全校最顽皮的"坏孩子"——汤姆。他不只是爱恶作剧，还跟男生打架、逗女生、对老师无礼、在班上扰乱秩序，而且是愈来愈糟。他唯一的优点是：他很快就能学会学校的功课。

霍普斯金太太决定立刻面对汤姆的问题。当她见到她的新学生时,她讲了些话:"罗丝,你穿的衣服很漂亮。爱丽西亚,我听说你画画很不错。"当她念到汤姆的名字时,她直视着汤姆,对他说:"汤姆,我听说你是个天生的领导人才,今年我要靠你帮我把这个班变成四年级最好的一个班。"在头几天,她一直强调这点,夸奖汤姆所做的一切,并评论他的行为表明他是一位很好的学生。

令人惊奇的结果出现了,汤姆真的变了,他渐渐地约束了自己的行为,变成了一个好学生。

再看一下美国纽约州第一位黑人州长罗杰·罗尔斯的故事。

罗杰·罗尔斯是美国纽约州历史上第一位黑人州长。他出生在纽约声名狼藉的大沙头贫民窟,这里环境肮脏,充满暴力,是偷渡者和流浪汉的聚集地。在这儿出生的孩子,从小耳濡目染,他们逃学、打架、偷东西甚至吸毒,长大后很少有人从事体面的职业。然而,罗杰·罗尔斯是个例外,他不仅考入了大学,而且成了州长。

在就职的记者招待会上,一位记者对他提问:是什么把你推向州长宝座的?面对300多名记者,罗尔斯对自己的奋斗史只字未提,只谈到了他上小学时的校长——皮尔·保罗。1961年,皮尔·保罗被聘为诺必塔小学的董事兼校长。当时正值美国嬉皮士流行的时代,他走进大沙头诺必塔小

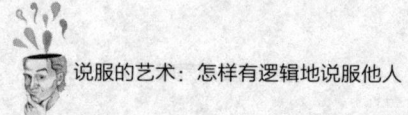

学的时候，发现这儿的穷孩子比"迷惘的一代"还要无所事事。他们不与老师合作，旷课、斗殴，甚至砸烂教室的黑板。皮尔·保罗想了很多办法来引导他们，可是没有一个是奏效的。后来他发现这些孩子都很迷信，于是在他上课的时候就多了一项内容——给学生看手相，他用这个办法来鼓励学生。

当罗尔斯从窗台上跳下，伸着小手走向讲台时，皮尔·保罗说："我一看你修长的小拇指就知道，将来你会是纽约州的州长。"当时，罗尔斯大吃一惊，因为长这么大，只有他奶奶让他振奋过一次，说他可以成为5吨重的小船船长。这一次，皮尔·保罗先生竟说他可以当纽约州的州长，着实出乎他的预料。于是他记下了这句话，并相信了它。从那天起，"纽约州州长"就像一面旗帜，在时刻影响着他。罗尔斯的衣服不再沾满泥土，说话时也不再夹杂污言秽语。他开始挺直腰杆走路，在以后的40多年间，他没有一天不按州长的身份要求自己。51岁那年，他终于成了纽约州州长。

所以，现实生活中，当你的孩子或者学生调皮捣蛋，不好好学习时，不要随随便便责骂他，而要告诉孩子"你很优秀"，即便这是善意的谎言，也会给孩子的内心带来好的影响，孩子会因为你的激励而努力让自己真的变得如你所说的那般"优秀"。

大人教育孩子时不要急于求成，如果你指望孩子一教就会，一会儿就再也不用教了，那你将来必定会后悔。只要你愿意给孩子机会和时间，让孩子在你的教育辅助下慢慢成长，总有一天他会长大，长成令你倍感骄傲的孩子。

对孩子也要经常说"谢谢"

礼貌用语不仅仅限于成人之间的交流，在家长、老师与孩子的沟通中更应该注意礼貌用语，这往往是家长们忽略的。礼貌是人们共同遵守的一种行为规范和道德准则，它是通往相互和谐和尊重的一座桥梁。在日常生活里，家长们对孩子一个简单的"请"字，一声真诚的"谢谢"，都是对孩子尊重、诚挚的一种感情流露，它能使孩子感受到亲切、舒服和愉快。

汪海洋是一个调皮捣蛋、不遵守班级纪律的后进生。一天，他与班上品行、学习均较好的优秀生刘涛发生了争吵。被老师发现后，按照自己以前的"经验"，汪海洋认为自己必会被老师不分青红皂白地批一通，老师必"袒护"刘涛，但是老师却一反其常规，采取"冷处理"，经过询问，搞清原委，分清是非，公正处理。原因是汪海洋看到其他班级的同学欺负本班同学，甚至扬言收保护费，他气不过，为了保护本班同学而与那些"坏孩子"大打出手，此时恰巧被刘涛看见了，不听解释的刘涛，当即告到了班主任老师那里。班主任老师在知道事情原委后，很和蔼地跟汪海洋说："谢谢你，汪海洋，你保护同学做得很对，老师谢谢你！"结果汪海洋大为感动，一反常态，主动向老师道歉认错说："也怪我太冲动了，没有想到后果，也许还有更好的处理办法。"老师则因势利导，告诉汪海洋："这次的事情让老师很感动，其实你有很多优点，比如见义勇为、热爱劳动、具有很强的组织能力，像上次由你发起的篮球比赛，得到了同学们的一致好评。这些老师都是看在眼里的，老师正在考虑让你来当咱们班的纪律班长呢！你回去想一想，看采用什么方法能把班级的纪律管理得更好，想出一个方案给我，好吗？"汪海洋回到班级后，为了像个班长的样，一改原来的恶习，不仅遵守纪律、关心同学，把班级管理得很好，而且课堂上也变得很活跃，主动举手回答问题，不会的问题主动提问，结果成绩很快提高了。

在上面的例子中，老师首先对孩子的见义勇为表达了感谢之情，然后顺势抛给他一件优质的参照物——当纪律班长。孩子为了与这件优质的参照物相配套，就会以新的行为体系替换原有的行为体系，从而达到了老师预期的目的。

在孩子的成长过程中，无论对于孩子好的行为还是做事方法我们都要予以感激之心，同时鼓励孩子成为他想成为的人，那么，孩子也会努力配之好的习惯。因为人一旦被贴上某种标签，就会按照标签所标定那样去塑造自己。

告诉孩子："没关系，再来一次"

很多教师在教学中常常会遇到这样的现象：孩子在学习时毫无动力，缺乏进取心，遇到挫折时倾向于放弃，乃至对于力所能及的任务也往往不能胜任，他们认为自己无论怎样努力都不能取得成功。一个人在经历了失败和挫折后，往往在面对问题时会产生无能为力的心理状态和行为。

在现实生活中，这种现象相当普遍。但是，这不是与生俱来的，而是后天形成的。老师和家长对孩子过高的期望、对孩子经常性的指责等都可能导致孩子形成失败心理。

平日里，王辉的爸爸想激发王辉的斗志，常会这样激励他，比如，"你看看楼上的明明，这次代表学校参加市里的数学竞赛拿了二等奖，你什么时候才能拿这样的好成绩给我看看啊。""你怎么考试总徘徊在第10名左右呢，什么时候你能给老爸争口气，考进前10名呢"。

在爸爸的"激励"下，王辉越来越没有自信，每次失败后都会自责："爸爸，我已经很努力了，为什么还是比不上明明呢？""难道我真的很笨，不可能考到前10名吗？"

看到上述的案例，不禁会有种辛酸的感觉，由于大人在语言上不注意，已然加深了孩子的失败心理，让孩子变得越来越没有自信。那么，我们该如何拯救这些的孩子呢，家长和老师在平时的教育中怎么正确跟孩子沟通呢？

1. 对孩子的评价内容要积极

积极的评价使孩子对自己充满信心，自我效能感因此提高；负面的评价会打击孩子的自尊心和自信心，孩子可能因此而破罐破摔。

2. 数其一过，不如奖其一功

受过批评的孩子往往会丧失自信心，因为害怕再犯错，所以对力所能及的事也会产生畏缩退避的行为。较少受表扬的孩子会认为不管事情处理得如何，结果都无关紧要，相反做错了还会受到批评，因而会慢慢失去主动性，产生一种漠不关心的态度。一次两次挫折可能不会产生严重的后果，但是反复体验这类情境就会导致孩子习得这种对生活的无助感。正如一句名言说得好：用一吨重的批评去攻击他，不如用一两的表扬去肯定他。

3. 夸奖和鼓励要及时

对孩子鼓励多，孩子的进步就快。鼓励是自信的酵母，夸奖是自信的前提，自信是信心的基础，没有自信就没有信心，培养孩子自信心的有效方法就是夸奖和鼓励要及时。夸奖不仅仅表明了父母对孩子的信心，同时也坚定了孩子对自己的信心，只有孩子对自己充满了信心，他才会为成功找办法，不为失败寻借口。

失败心理会给孩子带来很大的影响，作为父母或者老师，一定要及时告诉孩子"不要害怕失败，重新再来一次"。父母一定要采用各种办法，尽量避免孩子的失败心理，让他们在成长的道路上走得更好。

父母给予孩子的应该是真爱。这种真爱，是以关怀为起点，以理解为基础，以尊重信任为核心，以严格要求为原则的爱，这才是父母给予孩子的真正的爱。这样的爱能使孩子感受到无限的温暖，成为他积极上进、健康成长的力量。